EDMOND DU PIN DE LA GUÉRIVIÈRE

*Membre correspondant de l'Académie Nationale de Reims
et du Conseil Héraldique de France.*

LES COQUEBERT

DE L'ANCIEN RÉMOIS

BELLEAUCOURT

COULOMMES LA MONTAGNE

1906

LES COQUEBERT

DE L'ANCIEN RÉMOIS

Edmond du Pin de la Guérivière

*Membre correspondant de l'Académie Nationale de Reims
et du Conseil Héraldique de France.*

LES COQUEBERT

DE L'ANCIEN RÉMOIS

BELLEAUCOURT

COULOMMES LA MONTAGNE

—

1906

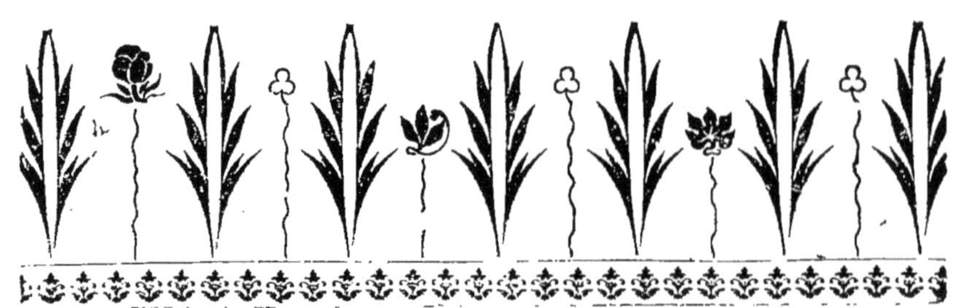

INTRODUCTION

> « Dieu veut qu'on con-
> serve le souvenir des ori-
> gines communes, si éloi-
> gnées qu'elles soient, et qu'il
> en dérive des obligations
> particulières ; Il veut que les
> hommes respectent toutes
> les liaisons du sang. »
>
> (BOSSUET.)

Nous croyons donc faire œuvre utile en publiant, d'après notre chartrier, l'histoire de nos aïeux Coque-bert de Belleaucourt, seigneurs de Coulommes-la-Montagne.

Car la négation de tout traditionnalisme est assuré-ment la plaie révolutionnaire, dont notre époque souffre le plus douloureusement.

Des énergumènes s'essaient à répudier quatorze

siècles de gloires nationales et osent même bafouer le double objet de notre culte : la Croix et le Drapeau.

Nous voulons par contre retracer la vie à travers les âges d'une vieille race toute française, en forgeant ainsi la chaîne d'une perpétuelle souvenance entre les nobles ascendants, qui ne sont plus, et les descendants, qui ne sont pas encore, futurs héritiers d'un patrimoine d'hon neur : Et Majores vestros, et Posteros cogitate.

E. DU PIN DE LA GUÉRIVIÈRE.

Belleaucourt-Coulommes, ce 1er janvier 1906.

LES COQUEBERT

DE L'ANCIEN RÉMOIS

CHAPITRE I.

GÉNÉRALITÉS
SUR COULOMMES-LA-MONTAGNE

Appelée Columna aux premiers siècles de notre ère, et située à 8 kilomètres ouest de Reims, au pied de la « Montagne de Reims », cette localité a, au moyen âge, porté par corruption le nom de Columbæ, pour revenir bientôt à cèlui de Colomme et Coulommes : preuve évidente de l'existence d'un monument romain en ces parages. Cette hypothèse est d'ailleurs vérifiée par la position du village compris entre l'ancien chemin gaulois « de la Barbarie » en plaine, et la voie romaine « de Fismes » qui traverse les bois sur le plateau de la montagne ; cette voie devait, à travers l'antique « Columna », envoyer une bifurcation sur la ville des Remi. C'était le long de cette voie secondaire, que se trouvait sans doute la « Colonne » romaine. L'emplacement de cette voie paraît suffisamment indiqué par la découverte de grands sarcophages de pierre, à l'entrée du chemin « stratégique », devant l'ancienne ferme de Belleaucourt, aujourd'hui propriété de M. Vasnier. Cette découverte a été effectuée à la fin du XIXe siècle, en creusant une cave chez M. Ernest Dravigny.

A cent mètres du chemin de Fismes, en plein « Bois Planté », se remarque une profonde excavation circulaire, dite Fossetraux. Serait-ce un ancien abreuvoir romain ? Quoi qu'il en soit, vers 1840, on y découvrait encore les fondations de la ferme qui préexista à la plantation du bois ; cette plantation remonte à 1675. Quant à cette dénomination de Fossetraux, elle provient de ce que les vignerons Coulommois y ont exercé le droit de fosserée, c'est-à-dire tiré de la terre pour « rempiéter » leurs ceps, à une époque antérieure à celle de la ferme précitée.

L'église de Coulommes, qui date du XIIe siècle, a été bâtie sur les fondations d'une église des temps primitifs du christianisme en Gaule, car, sous le cimetière environnant, se trouvent, à 2^m du sol, des tombes gallo-romaines de pierres sèches superposées, le tout recouvert en général de dalles grossièrement taillées.

De plus ces fondations sont formées d'énormes blocs erratiques, tels qu'il s'en rencontrait sur les montagnes aux temps anciens.

Quant aux pierres du monument, elles proviennent d'une fosse située au bas des vignes et dite « le Trou de l'Eglise ». On peut, du reste, s'en convaincre à l'inspection du grain de la pierre.

Au sud du village, le lieu dit « les Croix Cerceux » semble perpétuer le souvenir d'une nécropole mérovingienne, ou peut-être d'un cimetière gallo-romain de date plus reculée. Des fouilles pourraient éclaircir ce point.

D'après une tradition orale, à une époque que nous ne pouvons déterminer, sous l'influence d'un cyclone, le ruisseau qui alimente l'étang de Belleaucourt, creusé vers 1660, se transforma en torrent, démolissant sur son passage les maisons du village sises au lieu dit le Luxembourg, ainsi que les murs du parc, dans la direction de Vrigny. Vers 1800, le Luxembourg, aujourd'hui planté en bois, possédait encore une maison habitée, et avait fourni à l'extrémité des « Vassés » la dénomination de « Sous la Ville ». L'ancien village s'étendait jusque-là. Il s'est par la suite des temps déplacé vers l'orient, obéissant en cela à une loi universellement observée.

Ces généralités énoncées, nous abordons l'étude de Coulommes au point de vue historique.

Il y a quinze siècles, l'armée des Francs défila tout entière sur le chemin de la Barbarie, à l'est de Coulomnes.

« L'an 487, âgé de 20 ans, Clovis alla attaquer Siagrius (de Soissons), et, déférant à saint Remy pour ses vertus et le bruit de sa sainteté, il fit filer son armée à costé de Reims, (ne voulant entrer dedans, crainte de quelques désordres), par le chemin de la Barbarie, qui est à deux lieues de Reims. »

(Marlot Français, tome II.)

C'est évidemment à ce fait que ce chemin dut l'appellation qui s'est perpétuée jusqu'à nous.

Plusieurs siècles se passent, sans nous fournir aucun fait historique à enregistrer, et nous arrivons ainsi à la féodalité. Le 8 des ides de novembre 974, Manassés, comte de Rethel, mari d'Odile, « aumôna » aux chanoines de Reims ses possessions de Tinqueux et « Colommes » dans le comté de Reims.

Manassès est donc le premier seigneur féodal dont on puisse relever le nom comme apanagé à Coulommes.

En 1104. l'archevêque de Reims. Manassès, concéda l'autel de Coulommes à l'abbaye de Saint-Remy :

« Illud sancto Remigio contulimus, et absque personarum vicissitudine perpetuo tenendum concessimus. »

« L'autel » représentait partie du revenu primitif d'une cure, sur lequel les premiers évêques s'entretenaient, ainsi que le curé par eux nommé. Leurs successeurs aliénèrent fréquemment des fractions de ce revenu, parfois même à des laïques.

En 1176, Hugues de Chaumusy était possesseur d'une terre et seigneurie à Coulommes, et en avait la justice et les amendes jusqu'à sept sols deniers. Il vendit cette seigneurie aux religieux de Saint-Remy, avec l'agrément de son seigneur dominant, Gaucher de Chastillon. Gaucher, mari d'Helvide de Pierrefonds, était l'aïeul paternel de Gaucher de Nanteuil, que nous verrons en 1240 faire une donation à la même abbaye.

Cependant les seigneurs de Nanteuil gardèrent les droits de cens sur le territoire de Coulommes, droits rachetés en 1693 par Claude André Coquebert de Belleaucourt à la famille de Cauchon, qui

les tenait de la maison de Vergeur de Courtagnon.
Quant au seigneur de Gueux, il possédait de droit
la vicomté de Coulommes : le marquis de Miremont-Berrieux, dernier seigneur de Coulommes,
était vicomte de Coulommes du chef de sa propre
famille, apanagée de la terre de Gueux, et de plus
seigneur censier dudit Coulommes, du chef de sa
femme, en vertu de la vente de 1693. Madame de
Miremont, née Moët de Louvergny, était fille d'A-
gnès Coquebert de Belleaucourt.

Gaucher III, sire de Nanteuil-la-Fosse, seigneur
de Coulommes-la-Montagne (1), fils de Gaucher II,
et d'Adèle de Courlandon (bienfaiteurs de l'abbaye
d'Igny), épousa Marie de Brienne, fille d'Erard,
croisé en 1213, et d'Alide de Courlandon. Il était
donc beau-frère de Jeanne de Brienne de Rame-
rupt, et de Mathieu III de Montmorency dix-neu-
vième aïeuls de l'auteur du présent travail. (Cf. Ascendants et alliés de la maison du Pin de la Guérivière, qui ont rendu des services à l'Eglise.)

En juin 1240, Gaucher III « aumôna » à l'abbaye
de Saint Remy le ban et la justice de la ville de
Coulommes, en ne réservant que sa vigne, ses
pressoirs et ses hommes de corps. sous la condition qu'on cesserait toutes réclamations contre ses
torts antérieurs envers l'abbaye. C'est alors que
les moines de Saint-Remy devinrent complètement
seigneurs justiciers de Coulommes, et, ce jusqu'à la
Révolution.

On peut se demander si les pressoirs de Gaucher
III n'ont pas précédé ceux du curé Nicolas Thuil-

---

(1) De la maison de Châtillon, des anciens seigneurs de Lagery (dont le saint pape Urbain II).

lier, rachetés en 1642 par le président André Coquebert, pour y bâtir son château de Belleaucourt,
dessein qu'il mit à exécution après la destruction
du village en 1650 par les troupes du maréchal de
Praslin et du général Rose.

Au XVIe siècle existait encore, non loin de la
route de Coulommes à Pargny, un moulin dit le Moulin Yvec. En 1286, « Gallia », veuve de Mre Tresse-
lin, dit Yvec le vendit pour 30 livres aux moines de
Saint-Remy avec ses écluses, bois et prés.

En 1306, bail sans intérêt consenti par l'abbaye.

En 1502, nouveau bail par l'abbé de Saint-Remy,
pour 90 ans, à Grandin de Leuze, de l'emplacement
de ce moulin, à charge d'en construire un neuf.

Ce moulin devait se trouver dans les environs de
l'extrémité du parc de M. le comte Werlé.

En 1296, dans la crainte d'une invasion anglaise,
le roi Philippe confia au s[r] de Dampierre le soin
de fortifier Reims. Les Rémois obtinrent des lettres
royales pour les autoriser à faire contribuer les
habitants des campagnes à 3 lieues à la ronde,
soit par travail personnel, soit par des tailles Situé à 2 lieues de la ville, Coulommes fut certaine-
ment compris dans cette imposition de tailles.

En 1359, les Anglais assiégèrent inutilement
Reims : leurs troupes s'établirent dans les villages
de la montagne de Reims. Le prince de Galles
avait pris pour quartier Villedommange, et Ri-
chemont, Saint-Thierry : il est donc certain que
Coulommes eut aussi à loger les envahisseurs.

Sous Louis XI, Raulin Cochinard, chargé de ré-
tablir les fortifications de Reims. « fit mettre gens
pour besogner aux fossés et portaux, tant ceulx de
la ville que de six lieues à la ronde. » — Les Cou-

lommois eurent à besogner dur : car Cochinard avait la main lourde, quand il s'agissait de rançonner les récalcitrants.

Au mois de septembre 1650, le Rémois était ravagé par des incursions de soudards : Coulommes fut brûlé par les Allemands du maréchal de Praslin et du général Rose ; un chroniqueur du temps suppose que les habitants avaient essayé de se défendre contre la soldatesque, qui en aurait tiré vengeance. La peste décima en même temps la population, ainsi que le relatent nos premières liasses paroissiales. Les loups devinrent si nombreux que, le 2 août 1652, ils dévorèrent une jeune fille du village, et y attaquèrent une femme ; mais celle-ci réussit à leur tenir tête à force d'énergie (1).

Pour en revenir à notre église, elle fut deux fois réparée.

En 1638, l'abbé commendataire de Saint-Remy accorda aux religieux un secours de deux mille livres dans ce but.

En 1742, l'abbaye dépensa de nouveau 1400 livres de maçonnerie pour la réfection du chœur.

L'église était-elle restée à moitié ruinée depuis le sac du village en 1650 par les soldats de Rose (2) et de Praslin ? L'hypothèse nous paraît vraisemblable ;

(1) Les loups ne disparurent du pays que vers 1840, époque où le baron de Dion de Ricquebourg, notre aïeul, fit percer de sentiers le « *Bois Planté* », de la montagne de Coulommes. Auparavant ils enlevaient des animaux en plein village, et après le Concordat, suivaient encore sur les routes les enfants qui se rendaient au catéchisme dans les villages voisins ; nous le tenons de témoins oculaires.

(2) Reinhold von Rosen, lieutenant général des armées d'Allemagne et de Luxembourg, brûla Coulommes le 22 septembre.

en effet, les habitants s'étaient sans doute réfugiés dans ce monument pour résister aux soudards allemands en faisant le coup de feu du haut du clocher.

Vers 1730, les religieux de Saint-Remy eurent à soutenir un procès au sujet de leur droit de dîmes à Coulommes, Vrigny et Pargny, procès suscité par L. Bidet, André Bourgogne, et J. F. Turpin, ce dernier possesseur du château de Vrigny. Ceux-ci réclamaient 1° contre les pots de vin dûs par les forains pour leurs vendanges ; 2° contre ceux dûs par les habitants sur le vin fait.

Un arrêt du parlement intervint en 1738 ; il maintenait la dîme des moines de Saint-Remy, mais en fixait la quotité (1).

A l'époque de la Terreur, Nicolas Bourland, curé de Coulommes, bien qu'assermenté, fut réduit à se cacher pour échapper à la guillotine de ceux qu'on proclame aujourd'hui « les grands ancêtres ! ». Il choisit comme retraite le grenier des grands parents de Mme Lié-Pointillard (2), parce que, au dire des contemporains, « c'était la maison où se faisait le meilleur pain ». Il en sortait nuitamment pour les besoins de son ministère. Aussitôt

(1) A cette époque, le lieutenant de la justice de Coulommes était Liénard Dravigny, garde de M. Coquebert de Belleaucourt.

Les fils, petit-fils, et arrière petit-fils de Liénard furent successivement tous attachés au domaine comme gardes et vignerons. Après 60 ans de bons et loyaux services, l'arrière petit-fils de Liénard, Alphonse Dravigny-Majet, mourut en fonctions en 1905, emportant les profonds regrets de la famille qu'il avait toujours servie. Son fils, Alfred Dravigny, perpétue maintenant une tradition de dévouement deux fois séculaire en succédant à son père dans tous ses emplois.

(2) Propriété de M. Boniface Promsy.

la Terreur passée, il reprit ses fonctions paroissiales au grand jour.

Honneur à ce village, où il ne s'est pas rencontré
un seul traître, et honneur à ce pasteur, qui sut, par
son héroïsme, racheter son serment schismatique.

En 1814 et 1815, Coulommes eut moins à souffrir
que certains villages environnants : tel Ormes, où,
d'après les récits des contemporains, les Cosaques
enlevèrent plusieurs jeunes filles, et tel Vrigny,
où les troupes françaises, du haut des « Monts
Moines » canonnèrent les Russes retranchés dans
le parc du château. En 1848, des bandits couraient
nos campagnes, pour piller les maisons : la garde
nationale dut prendre les armes, pour repousser
ce socialisme en action.

En 1870, Coulommes eut à subir la terrible invasion, logements de troupes, réquisitions et me-
naces, sans rien de bien saillant au point de vue
historique.

Certains lieux-dits rappellent des souvenirs inté-
ressants : les « Vassés » ont appartenu aux anciens seigneurs de Muizon, MM de Vassé ; les
« Vignes Branscourt » à la famille des sieurs de
Paris, seigneurs de Branscourt ; les « Monts
Moines », à l'abbaye de Saint Remy de Reims ;
la « Fosse Copillon », à la dynastie des Copillon, no-
taires de Reims dont les biens furent achetés par le
président Coquebert de Belleaucourt. La « Croix
Lalondrelle » rappelle une famille rémoise, qui
possédait aussi des propriétés sur le terroir au
XVIIᵉ siècle. Les « Vignes Châlons » proviennent
des seigneurs châtelains de Courmas. MM. de Châlons. Le « Bois Gandon » porte un nom encore re-
présenté dans le pays.

Nous avons cherché à établir la liste des curés de Coulommes aux siècles derniers, depuis 1558 jusqu'à la Restauration.

Antoine BERTEL, curé en 1558.

. . . .

Nicolas THUILLIER, 1639-1650 ou 1651. — N... LECOINTRE, nommé par un acte de 1651. — Ponce HERMONVILLE, (1669-1701). — Ponce HERMONVILLE, (1701-22), neveu du précédent, décédé en 1722 à 55 ans (ancien curé de Pargny). — Thomas JACQUETELLE, (1722-1761), vicaire dès 1720, puis curé, inhumé dans le chœur côté de l'épître. En 1748, Pierre Vuilfroid desservit Coulommes et Vrigny. — Etienne LABBÉ (1761-1791), (a dû refuser le serment). Nicolas BOURLAND, (1791) assista en mai 1791 à Vrigny à un baptême fait par l'évêque jureur Diot. C'est lui qui se cacha pendant la Terreur dans sa paroisse même, puis reprit ses fonctions au grand jour. Ses successeurs immédiats furent MM. SÉSY, GIRARDIN, MENU et Lambert PRÉVOTEAU. Ce dernier fut inhumé en 1819 à l'intérieur de l'église à environ 1 mètre de la grande porte : Il avait demandé cette faveur, « pour ne pas être oublié de ses paroissiens ». Nous croyons devoir perpétuer cette touchante tradition, recueillie au siècle dernier de la bouche de quelques contemporains de l'abbé Prévoteaux.

Nous demandons pardon au lecteur du manque d'unité de ce chapitre, tiré, soit de documents forcément espacés comme époque, soit de traditions orales, ou même d'hypothèses : ce qui constitue malheureusement des lacunes nombreuses dans la filière des événements.

CHAPITRE II

ORIGINE DES COQUEBERT

Royaume des deux Siciles — Liège — Reims

La famille Coquebert, remonte à Roger Coche-
bert, dit Concublet, bâtard de Roger le Normand,
roi des deux Siciles en 1092 (B. N., cab. des Titres,
Dossiers Coquebert et Concublet, des marquis
d'Arena).

Roger le Normand, dit le Grand Comte, frère de
Robert Guiscard, était le douzième et dernier fils
de Tancrède de Hauteville, gentilhomme normand
des environs de Coutances. Il est la tige des rois
de Sicile.

Devenus marquis d'Arena au Royaume de
Naples par le mariage de Roger Concublet avec
Clémence, dame marquise d'Arena, les Coquebert
restèrent en Sicile jusqu'aux Vêpres Siciliennes
(Lundi de Pâques 1282).

De Sicile, ils allèrent se fixer à Liège, où ils
occupèrent les premières places (Bib. Nation. et
Arch. de la ville de Liège). Leurs armes (*de
gueules à trois coqs hardis d'or, 2 et 1*) étaient gra-
vées sur plusieurs édifices, entr'autres sur l'hôtel-
de-ville, et se voyaient sur les vitraux de plusieurs
églises de la ville (1).

(1) Devise: *Fortis ubique.*
Dans l'*Histoire de Liège* in f°, tome II, page 273, on lit:
« maison Henry de Kokeberch à Saint-Albert en Lisle,
que les jurés brisarent.... en 1312 »

Ils y restèrent jusqu'en 1470, époque où l'un d'eux, échevin de la ville de Liège, fut emmené en France par Louis XI en qualité d'otage.

Etablis alors à Reims, ils conquirent aussitôt une place prépondérante en cette cité, et s'y allièrent aux meilleures familles du pays. Des nombreuses branches de leur maison, il n'en reste plus que trois qui soient encore représentées : celles de Montbret, de Neuville et de Touly.

D'après une tradition familiale, les Cokburn d'Angleterre proviendraient du même estoc que les Coquebert. De même pour les Cockborne de France.

I

I. — *Regnault Coquebert*, échevin de Liège, fut emmené en otage par le roi Louis XI après le siège de la ville (ainsi que son frère *Simon* Coquebert). (1470) (1).

II

II. — *Simon I Coquebert*, fils de Regnault, et de N... s'établit à Reims, où il épousa Sabine Jabin. Ses enfants furent :

III. — 1° *Thierry* qui suit.

2° Jeanne, mariée à Jean Rouan ;

3° Bonne, à Jean Serval, écuyer ;

4° Nicole, à Nicolas Forest ;

(1) Nous devons assurer de toute notre gratitude les honorés parents qui ont bien voulu nous prêter l'aide de leurs archives particulières : M. A. de Puisieux, MM. Coquebert de Neuville, M. de la Herverie, M. Coquebert de Touly, et Madame Coquebert de Montbret.

5º Marie, à Jean Bergier, proche parent de l'auteur, Nicolas Bergier.

6º Jeanne, à Pierre Noury.

III

III. — *Thierry Coquebert*, épousa Remiette Bachelier et décéda en 1545.

D'où :

IV. - 1º *Simon II*, qui suit ;

2º Jean, auteur de la branche des seigneurs de Vaux et d'Adon, époux de Simone Cauchon de Louvois, sœur de Renaud ci-dessous ;

3º Isabeau, mariée à Oudard Noël, seigneur de Muire, lieutenant des habitants, décédé en la paroisse Saint-Pierre, le 30 septembre 1578. Elle mourut le 22 mai 1594.

4º Anne, mariée en 1550 à Philippe Frémyn, seigneur du Godard, bailli de Château-Porcien, fils de Jacques, seigneur de Branscourt, conseiller du Roi, lieutenant des habitants. Ce sont les ascendants de la maison Frémyn de Sapicourt.

5º Nicole, mariée à Gérard Moët, écuyer (1), comme nous l'avons exposé en un précédent ouvrage sur la maison Moët.

6º Autre Nicole, mariée à Renaud de Cauchon, écr, seigneur de Condé. mort le 31 décembre 1580, fils de Jacques III, vicomte de Louvois, et de Jeanne du Moulinet.

(1) Pour tout détail concernant les Moët et les Lespagnol, consulter les « Ascendants maternels de saint Jean-Baptiste de la Salle, par le vicomte Edmond du Pin de la Guérivière », où sont nommés les membres de ces deux familles citées au cours de la présente étude.

CHAPITRE III

§ I. — LES COQUEBERT

A

Coulommes-la-Montagne

IV.

IV. — *Simon II Coquebert*, épousa, avant 1538, Adrienne de Noël, alias Noël, fille de Nicolas, chevalier, seigneur de Muire, lieutenant des habitants en 1555, et de Jeanne Moët, cette dernière arrière-tante de saint Jean-Baptiste de la Salle.

Il possédait des terres dans les paroisses de Sarcy, Aubilly, Pargny, Vrigny, Ormes, Bétheny, la Maison Blanche (écart de Reims), etc, et demeurait en la paroisse Saint-Pierre de Reims.

C'est lui qui devint, en 1565, propriétaire surcensitaire de la « Grande Cense » de Coulommes, vendue au début du XIXe siècle par une de ses descendantes, la marquise de Bertoult, née de Miremont de Berrieux (1). Vers 1873, cette cense a été achetée et démolie par un commerçant rémois, M. Biébuyck, à qui ont succédé MM. Thuillier et Vasnier.

En effet le 20 octobre 1565, Simon Coquebert reprend de l'abbaye de Saint-Remy de Reims « une maison et vigne joignant l'esglize de Coulommes,

(1) Après la mort de notre trisaïeule, la marquise de Miremont de Berrieux, mère de ladite dame de Bertoult, en 1797.

appellée les Mazures de Saint-Remy, contenant, avec un jardin appelé la Chaize prosche l'Esglize, 3 jours 8 hommés, non compris le chemin qui (1) mène à la Montagne, et qui sépare le jardin de la maison. Lesquels héritages avaient en 1545 été donnés à surcens à Blanchet Lhomme Dieu, moyennant 60 solz et 30 solz pour la dixme. »

En 1580 Adrienne Noël, alors veuve de Simon Coquebert, remboursa le capital de la rente représentée par ce surcens ; ainsi il ne lui resta à payer annuellement que les 30 sols de dîme, tandis qu'elle devenait propriétaire foncière. Cette année-là, le clergé avait dû verser de grosses subventions pour les guerres de religion.

En 1580, Adrienne Noël, vendit à ses fils et gendre, Jean Coquebert, Thomas Coquebert, et Jean Lespagnol, les héritages de Coulommes et Sarcy. En 1614, au décès d'Adrienne Noël. les partages de sa succession eurent lieu entre Jean Coquebert l'Aisnel, Jean l'Espagnol, sire de Fontenoy, et Ysabeau Coquebert, sa femme.

De Simon II Coquebert, et d'Adrienne Noël, sont issus les neuf enfants qui suivent :

V. — 1º Jean, (qui suit), dit « l'aisnel », seigneur de Montcel et Bullin (2).

2º Thomas, auteur de la branche d'Agny.

3º Thierry, auteur de la branche de Touly.

4º Innocent, né le 27 octobre 1543, chanoine de Reims, mort le 20 novembre 1573, dont la curieuse

(1) Rue qui mène de l'église à l'ancien chemin stratégique. Quant au jardin la Chaize, il est compris entre la rue Haute, le chemin stratégique et la rue de l'Église.

(2) Bullin est un hameau dépendant du village de Marfaux.

épitaphe se trouve dans la chapelle des fonts baptismaux de l'église Saint-Remy.

5° Françoise, mariée à Jean Véron, de Laon.

6° Isabeau, mariée 1° à Guillaume Josseteau ; 2° en 1595 à Jean Lespagnol, seigneur de Fontenoy, mort en la paroisse Saint-Michel en 1638, lieutenant des habitants, fils de Gérard, et de Jacqueline Boucher.

7° Adrienne mariée à Jean Maillefer.

8° Marie, mariée à Oudard Colbert seigneur d'Acy et du Terron, (fils de Gérard, et de Pérette Lespagnol), décédé avant 1573 (1).

9° Simone, mariée à Nicolas Dorigny, fils d'André et d'Elisabeth Noblin, de la race des seigneurs d'Origny en Thiérache.

V

V. — Jean Coquebert l'Aisnel, seigneur de Montcel et Bullin, habitait à Reims, le Metz Saint-Thierry, et possédait la totalité de la « Grande Cense », dont il racheta l'usufruit à sa mère Adrienne Noël. Il habita aussi en la rue des Elus, « une maison tenant à Lancelot de la Salle boutissant à la veuve Frémyn, et budant sur la ruelle. » Ancienne synagogue au temps de Philippe le Bel, ce local est devenu aujourd'hui l'hôtel du Cygne (2).

(1) Le chartrier de Belleaucourt contient des autographes de Madame Colbert, notamment un reçu destiné à son frère aîné Jean Coquebert à la suite de la vente de 1580.

(2) Au décès de Jean Coquebert, cette maison revint à son fils André, conseiller au présidial, puis, à la mort de ce dernier, sans enfant, au gendre de Jean. Nicolas Lespagnol à la date de 1619 elle était estimée 9400 ₶.

Il épousa Marguerite Béguin, dont la sœur, Jehanne, était mariée à Simon Chertemps.

Il décéda en 1614, et fut inhumé aux Cordeliers (1). près du Metz Saint Thierry.

Situé dans le quartier Sainte-Marguerite, près des Cordeliers, et ancien refuge de l'abbaye de Saint-Thierry, ce « Metz », qui en portait le nom, est une des plus anciennes demeures que nous connaissions aux Coquebert dans la cité de Reims. Jean Coquebert en prenait parfois la qualification dans les actes publics : Jean Coquebert du Metz, ainsi d'ailleurs que le faisait plus tard sa fille, Jeanne Coquebert du Metz. femme de Nicolas Lespagnol, lieutenant des habitants. Si nous insistons ainsi sur ce sujet, c'est qu'il est intéressant, au point de vue traditionnel et historique, de savoir que ce « Metz » a abrité l'adolescence de Pérette Lespagnol, la vénérable aïeule de saint Jean-Baptiste de la Salle, celle dont nous nous sommes plû à ressusciter la sainte mémoire en de précédents travaux.

Le Metz Saint-Thierry nous amène à parler d'une autre propriété des Coquebert de Coulommes en la ville de Reims.

Pendant tout le cours du XVIIe siècle, ils y possédèrent une maison de la rue des Tapissiers, budant par derrière sur un cul-de-sac, rue des Elus. C'est la maison de commerce Olry Rœderer actuelle. Après l'avoir en dernier lieu louée au marchand Faciot, ils la vendirent à Me Duval le

(1) L'entrée du couvent donnait sur la rue des Trois Raisinets. L'église a été complètement démolie. Comme vestiges on distingue encore quelques arcs-boutants dans la rue des Cordeliers.

5 avril 1710 ; mais, faute de paiement, cette propriété fut « retraicte » par Claude-André Coquebert
de Belleaucourt, puis vendue à M⁰ Jacques Callou,
petit-fils ou petit-neveu de Jacques Callou « Le
Jeusne », époux de Barbe Coquebert d'Agny.

De Jean Coquebert et de Marguerite Béguin sont
issus :

VI. — 1° Simon III, auteur des branches de la
Fauconnerie, de Crouy, de Montbret, de Montfort, de Mutry et de Taisy.

2° Jean, époux de Jeanne Maillefer.

3° Oudard, dont on ne sait rien.

4° André, conseiller au présidial. Propriétaire de
la « Grande Cense », il la légua, par testament
daté de 1618, à ses deux neveux nommés tous deux
André Coquebert, l'un fils de son frère Pierre,
l'autre fils de son frère Simon, auteur de la branche
de la Fauconnerie. André épousa Elisabeth Lespagnol, sœur de Nicolas, et décéda en 1619, un an
après avoir testé. Cette pièce exhorte les deux cousins à l'affection mutuelle : « Lesquels nepveux ledit testateur a prié s'entraymer à tousjours comme
frères pourroient faire nonobstant qu'ilz ne sont
que cousins. » (12 décembre 1618).

Elisabeth Lespagnol était morte sans laisser
d'enfant. Une des dernières volontés d'André
était d'être inhumé aux Cordeliers près de son
père. Il laissait 90# aux pauvres, et de plus 25#
à chacun de ses neveux et nièces, pour être em-
ployées à l'achat d'une vaisselle d'argent, qu'ils
seraient tenus à conserver en mémoire dudit testateur.

5° **Charles Coquebert**, seigneur du Montcel et

du Grez, marié à Jacqueline Lespagnol, fille de Jean, et de Jeanne Loreignol. D'où sont issus :

A.) Jean ;

B.) Jeanne mariée le 3 janvier 1613 à Henri Bachelier, écuyer seigneur de Saint-Mard et du Montcel, secrétaire du Roi.

6• Thomas Coquebert, marié à Nicole Boulet, fille (1) de Pierre, et N... de Vaubourg.

D'où : Nicole, femme de Claude Coquebert, seigneur d'Agny, lieutenant des habitants, fils d'autre Thomas, précité.

7° Pierre, qui hérita au nom de son fils André le domaine de Coulommes, et dont l'article suivra.

8° Jeanne, mariée en 1588 à Nicolas Lespagnol, lieutenant des habitants en 1626. fils de Jean et de Jeanne Loreignol. Il décéda en la paroisse Saint-Michel le 23 janvier 1628. Jeanne Coquebert est la bisaïeule maternelle de saint Jean-Baptiste de la Salle.

9° Elisabeth, mariée à Gérard Colbert, seigneur de Mont-Saint-Pierre. Simon, Charles, Thomas et Pierre Coquebert, Gérard Colbert de Mont-Saint-Pierre, et Nicolas Lespagnol se réunirent le 28 mars 1619 pour le partage des successions de Jean Coquebert « l'aisnel, » et d'André Coquebert, le conseiller au présidial, leur père et oncle.

Le Metz Saint-Thierry, mis hors partage, fut acheté par Nicolas Lespagnol, et contrat en fut dressé.

---

(1) Thomas était grand propriétaire terrien ès terroirs de Romigny et d'Aougny.

VI

VI. — Pierre Coquebert, fils de Jean, et de Marguerite Béguin, épousa Jeanne de la Salle, fille de François et de Jeanne Loreignol. Jeanne de la Salle est la tante paternelle du saint fondateur des frères des Écoles chrétiennes (1).

En 1635, Pierre racheta à son neveu André Coquebert, lieutenant au présidial (de la branche de la Fauconnerie), la part de la « Grande Cense » de Coulommes, léguée à ce dernier par André Coquebert, conseiller au présidial ; le domaine de Coulommes était ainsi partagé entre le père et le fils.

Pierre Coquebert eut huit enfants.

VII. — 1° *André*, qui fut légataire de son oncle, le conseiller au présidial.

2° Lancelot, capitaine au service du Roi.

3° Gérard, capitaine au service du Roi.

4° Jean-Baptiste, chevalier de Malte, profès, et commandeur de l'Ordre.

5° Henri, chevalier de Malte, profès et commandeur de l'Ordre.

6° Simon Coquebert, écuyer, seigneur de Bullin, auteur, par son fils Henry, de la branche des seigneurs de Neuville et vicomtes de Berthenay (2).

---

(1) Nous rappelons ici que les *la Salle de Reims* sont venus des *la Salle d'Ogny* (aujourd'hui Aougny), où la branche aînée a possédé le château-fort du même nom *jusqu'au XVIIe siècle*. (Cf. « Les ascendants maternels de saint Jean-Baptiste de la Salle ». — « *Une famille d'épée sous l'Ancien Régime* » par l'auteur du présent travail).

(2) En 1502, Jeannet Drouin, écuyer, était seigneur de

Il épousa Jeanne Amé, fille de Nicolas, lieutenant des habitants, et de Claude Roland; dont il eut :

A.) Pierre, prieur de Saint-Léger.

B.) Pierre Simon, seigneur de Doy et Estrebarry, marié le 30 août 1696 à Henriette Bénigne d'Artaize, fille de Charles, chevalier, seigneur de Vaux-les Rubigny, et de Jacqueline d'Alend'huy.

C.) Henri, exclu de la succession paternelle à la suite d'un duel et marié en Angleterre. C'est l'ascendant des Coquebert de Neuville.

D.) Jean-Baptiste capucin.

E.) Joseph, juge garde à la Monnaie de Reims, marié à Anne Maugeot.

F.) Claude, religieuse.

G.) Anne, religieuse.

H.) Remiette, mariée à N... Cousin, avocat du roi à Soissons.

I.) Barbe, décédée en 1674.

7° Françoise Coquebert, veuve dès 1683 de Pierre Leclercq, ainsi qu'il appert de l'acte ci-après de 1683.

8° Marguerite Coquebert, religieuse à Sainte-Claire de Reims, décédée avant 1683. Un acte de partage de 1683 nous apprend que par testament sa mère Jehanne de la Salle lui avait légué une rente viagère.

Neuville et Berthenay (Chartrier de Belleaucourt, dossiers du château de Forzy). Le château de Neuville, situé sur le terroir de Passy-Grigny, est aujourd'hui une ferme.

§ II. — Erection du fief de Belleaucourt

A

Coulommes-la-Montagne

VII

VII.—*André Coquebert*, écuyer, conseiller du Roi, premier président en l'élection de Reims, secrétaire du Roi, en 1677, seigneur de Pypa, Mutry, Fleury-la Rivière, épousa en 1650, Agnès de Santeul ou Santeuil, née vers 1621, fille de Claude de Santeul, écuyer, échevin de Paris en 1655, et de Madeleine Boucher, mariés vers 1616 (1). D'origine chevaleresque, les Santeul proviennent du village de ce nom, situé en Seine-et-Oise, fixés ensuite à Paris, ils occupèrent dans la capitale les premières places, telles que celle d'échevin. Ils y acquérirent une grosse fortune, car Agnès de Santeul, qui avait quatorze frères et sœurs, reçut pour sa part cent mille livres de ses parents : somme énorme pour cette époque, surtout lorsque l'on songe que le fils aîné dut être avantagé.

Agnès de Santeul était sœur du fameux Jean-Baptiste de Santeul, auteur des Santoliana (2).

(1) Le président Coquebert habitait à Reims une maison sise rue du Marc, en face de la Monnaie, budant rue du Pied de Bœuf, ainsi que rue du Temple, et estimée 15.000 livres. Lorsqu'il mourut en 1681, il fut inhumé, comme ses ancêtres, aux Cordeliers. Il se qualifiait « contrôleur général de la Chancellerie ». Il acheta plusieurs seigneuries, par exemple, en 1660, à la famille Moët, celle de Fleury-la-Rivière, attribuée après lui à son fils le lieutenant-colonel Coquebert.

(2) M. Alfred de Puisieux à Amiens psssède un portrait de J.-B. de Santeul.

Lorsque le président Coquebert mourut en 1681, laissant des enfants mineurs, dont Jeanne Agnès (la future épouse de Charles du Breuil), les quatre tuteurs nommés pour la minorité de ces enfants furent leurs oncles maternels : Henry de Santeul, échevin de Paris, Charles et Louis de Santeul, et Claude Duchesne, avocat au Parlement, tous bourgeois de Paris. L'un d'eux signa même un acte des liasses paroissiales de Coulommes. En 1683, ils se firent représenter dans un partage par Mᵉ Audry, conseiller à Reims, leur fondé de procuration. Cet acte qualifie Henry, Charles et Louis de « nobles hommes ».

Agnès de Santeul décéda en 1711 en la forteresse de Forzy, âgée de 90 ans ; elle s'y trouvait à ce moment en déplacement pour des détails de gestion, car cette terre était échue à ses fils et petit-fils, MM. de Belleaucourt, après le décès de son fils cadet, le colonel Coquebert de Fleury. Elle fut inhumée en l'église d'Aougny dans la chapelle de la Sainte Vierge, à côté de son fils, le colonel (1), dans l'antique sépulture des maisons de Bussy, du Plessier... et peut-être de la Salle) (Cf. *Une famille d'épée sous l'ancien régime.*) C'est, en tout cas, en cette église que les ascendants paternels de saint Jean-Baptiste de la Salle dorment leur dernier sommeil, depuis Hortingo de la Salle (1350).

(1) Décédé en effet le 27 avril 1703, en son château de Forzy, Henry Coquebert de Fleury, fut le 28 suivant, enterré à l'église Saint-Remy d'Aougny, « en exécution de ses dernières volontés ». Quant à Agnès de Santeul, elle avait eu à son lit de mort, pour lui administrer les secours de la religion, l'abbé Durand, curé d'Aguizy, que, dans un mémoire domestique, Claude André Coquebert de Belleaucourt, fils de la défunte, qualifie « d'homme irréprochable. »

Agnès de Santeul est l'arrière-tante du colonel vicomte de Santeul, et de son fils, le baron Claude de Santeul, lieutenant de chasseurs à pied, ainsi que de Mademoiselle de Santeul, fixée à Paris en la paroisse Saint-Sulpice (1).

Dès 1644, le président Coquebert (2) avait obtenu des moines de Saint-Remy autorisation de rebâtir son colombier, en agrandissant deux des quatre pans de murailles qui le composaient.

Vers 1651, lorsque le village se releva de ses ruines, André Coquebert construisit son habitation de Belleaucourt dont le 21 juillet 1665, il obtint l'érection en fief, ou bien noble, par acte d'inféodation passé devant le notaire rémois Tauxier :

« Erection en fief d'une maison en la rue Couët, colombier, jardin, verger, canal, le tout d'environ cinq jours ; lequel sera appellé le fief de Belle-Eau-Court, mouvant directement de l'abbaye de Saint-Remy. A cause de ce fief, André Coquebert et ses successeurs paieront à chaque mutation, une médaille d'or de saint Remy, du prix de cent sols, ou une pièce d'or de pareille valeur ».

Le parc avait alors pour limites : au nord, le chemin actuel, au sud la place du village et la rue Couët, à l'est, l'ancien chemin de Coulommes à Vrigny (descendant de la place, en face du presbytère au lavoir communal) ; à l'ouest, l'ancienne place Couët (achetée par le baron Charles de Dion

_____

(1) Mademoiselle de Santeul possède de beaux portraits de famille : entr'autres ceux d'une tante paternelle, et d'un frère de madame de Belleaucourt ci-dessus.

(2) L'année 1643, le 23 décembre, défense fut faite de chasser avec chiens dans les vignes de Coulommes, depuis le 1er mars jusqu'après la récolte. L'histoire ne dit pas si cette défense visait le président André Coquebert.

derrière l'écurie actuelle), et le chemin de la Fontaine Couët.

L'enchaînement des faits s'explique à merveille.

En 1642, André Coquebert achète le pressoir de Nicolas Thuillier, curé de Coulommes (1). En 1605, ce pressoir, voisin de l'église, centre de résistance contre les Allemands de Rose, fut réduit en cendres.

C'est ainsi qu'André se décida à rebâtir sur cet emplacement ce qui devait être Belleaucourt.

Au sujet de Nicolas Thuillier, nous pouvons faire observer que les dîmes causaient fréquemment des différends entre les moines de Saint-Remy et les curés de Coulommes.

Le 27 août 1641, par sentence des requêtes du Palais, Nicolas Thuillier « vicaire perpétuel de Coulommes », fut maintenu en possession de toutes les menues dîmes de Coulommes, Vrigny et Pargny, « si mieux n'aiment les demandeurs (Religieux de Saint-Remy) lui payer la somme de 400 livres de pension congrue » : ce qu'ils ne firent sans doute pas. Car dès 1643, Nicolas Thuillier était de nouveau en procès avec les fermiers des dîmes, qu'il assurait être novales.

Mais un successeur de Nicolas Thuillier, Thomas Jacquetelle, renonça aux dîmes novales, à

(1) Le 25 septembre 1639, par devant le notaire Rogier, M. Thuillier acheta une « maison-masure », près de ses pressoirs, à Lambert Paulé, couvreur à Reims, moyennant une rente annuelle de 11 livres 21 sols 1 denier.

Le 3 octobre suivant Lambert Paulé transporta moitié de cette rente perpétuelle à Jacques Charlier, aussi couvreur à Reims. En mai 1642, M. Thuillier revendit le tout, pressoirs et maison-masure, au président Coquebert. Et c'est quelque dix ans après que ce dernier y construisit Belleaucourt (acte passé devant le notaire Leleu).

condition que l'abbaye servirait désormais 90 livres de rente viagère à lui-même d'abord, et à ses successeurs ensuite.

Nous avons de volumineux dossiers sur tous les achats du président Coquebert pour la constitution de son domaine de Belleaucourt. Il reprit juste au milieu de son parc un chemin qu'avec l'assentiment des moines de Saint-Remy il rendit à l'extrémité de ce parc ; par suite de partages antérieurs, il fut aussi amené à opérer des réunions sur quelques-uns de ses parents : il racheta ainsi le bas du jardin à son cousin Lespagnol de Bombart, pour y creuser un étang, et une partie de la cour actuelle à son autre cousin Henri Josseteau, chapelain de la chapelle Saint-Nicaise à l'église de Saint-Julian (côté est).

En 1675, par droit de retrait lignager, il reprit possession, au détriment de Pierre Joyaux et de Jeanne Coulon, d'un lot de terres sises à Pargny, provenant de Robert Frizon, secrétaire du Roi. Bref, à bientôt trois siècles d'intervalle, les actes d'achat du président Coquebert sont toujours là, soigneusement annotés en marge, pour montrer à quel point il s'intéressait à la création de son nouveau fief. Le chartrier de Belleaucourt en possède plusieurs liasses.

C'est en 1677, qu'André Coquebert acheta la charge de conseiller secrétaire du Roi, maison et couronne de France, et de ses finances. Cette charge fut revendue en 1683 par ses héritiers à un sieur Picquet. Les paiements en furent échelonnés jusqu'au 20 mai 1699, date où ledit sieur Picquet se libéra définitivement Dans les comptes y afférents, paraît un ami des Coquebert, M. Berthelot de Belloy, des seigneurs de Pléneuf, beau-frère de M. Larcher d'Olisy, et acquéreur de la baronnie de Baye à la fin du XVIIIᵉ siècle. Son portrait se voit d'ailleurs encore à Belleaucourt. C'est l'ascendant du baron de Baye, l'archéologue universellement connu.

André Coquebert avait placé des capitaux en Normandie, en effet le 16 juin 1682, fut établi, pour ses héritiers, le compte des intérêts qui leur revenaient, « suivant les traités de société, à cause de l'intérêt au 20 deniers, que le dit sieur Coquebert avait dans sa part de deffunt Monsieur Amé dans la ferme des aides de Rouen. » On y servait l'intérêt d'un capital de 20.083₶ 6 s. 8 d.

On sait que Simon Coquebert de Bullin, neveu du président, avait épousé Jeanne Amé.

Du président André Coquebert de Belleaucourt et d'Agnès de Santeul sont issus :

VIII. — 1º *Claude-André*, qui suit.

2º Henri Coquebert, écuyer, seigneur de Fleury, châtelain de la forteresse de Forzy, vicomte de Berthenay, lieutenant-colonel au régiment de Courcelles et Montalet, mari de Marie-Anne de Bussy d'Ogny, décédée à Coulommes en 1760, âgée de 106 ans. Le dit Henri testa le 26 avril 1703 en faveur de son neveu, fils de Claude André, et décéda en 1704.

3º Jean-Baptiste, écuyer, seigneur de Mutry, cap. de dragons au régiment de Conflans, décédé sans alliance en 1717.

4º Joseph, chanoine de Notre-Dame de Reims, décédé le 29 août 1710, léguant ses biens à Claude André, son frère aîné, et à Jean-Baptiste, seigneur de Mutry.

2*

5° Jeanne-Agnès, mariée à Charles du Breuil, écuyer seigneur de la Guéritaude, Vrillaye et Villers.

6° Jeanne, religieuse à Sainte-Claire de Reims.

7° Madeleine, religieuse du Bon-Secours rue de Charonne à Paris : ce couvent, situé en face de l'habitation de saint Jean-Baptiste de la Salle, le soutint de ses aumônes. Par testament, le chanoine Joseph Coquebert ci-dessus légua à chacune de ses deux sœurs, Jeanne et Madeleine, une rente viagère de quinze livres.

VIII

VIII. — *Claude-André Coquebert de Belleaucourt,* écuyer, seigneur de Belleaucourt et Coulommes-la-Montagne, né en 1654, hérita en 1703, après le décès de son frère le lieutenant-colonel, les seigneuries d'Ogny, Forzy et Berthenay (1).

Il épousa en 1681, sa cousine Jeanne Coquebert d'Agny fille de Claude, lieutenant des habitants, et de Nicole Coquebert. Il mourut à Reims le 20 mars 1730 (2).

Le 16 mai 1689, huit ans après la mort de son père, le président, il rendit foi et hommage à l'abbé de Saint-Remy de Reims pour le fief de Belleaucourt.

Le 4 janvier 1691, par devant le notaire Leleu, Claude-André Coquebert acheta à la famille Cau-

---

(1) Claude-André habita à Reims, d'abord une rue dont le nom est difficile à écrire autrement qu'en latin, puis la rue de Gueux (aujourd'hui de Talleyrand).

(2) Les portraits de Claude-André et de Jeanne Coquebert sont à Amiens dans la famille de Romance.

chon, pour 7200 livres, partie de la seigneurie de Coulommes, ainsi que des terres et bois ès terroirs de Coulommes et Pargny en y comprenant une pièce de vigne de 23 hommés audit Coulommes.

Les vendeurs étaient :

1° Eléonor de Cauchon de Lhéry, abbé de Saint-Sauveur de Vertus, prieur des Essarts ;

2° Thomas de Cauchon, chevalier de Lhéry, capitaine des vaisseaux du Roi ;

3° François de Cauchon, chevalier, comte de Lhéry, commandant de la ville et faubourgs de Reims, seigneur de Faverolles et Treslon ;

4° Françoise de Cauchon.

Tous héritiers pour un quart de leur mère, Jeanne Marie de Vergeur, veuve de Thomas de Cauchon, chevalier, comte de Lhéry.

Les vendeurs déclaraient que le prix de vente serait employé au paiement et extinction des pensions viagères de Mesdames de Lhéry de Courtagnon, leurs sœurs, religieuses en l'abbaye royale d'Avenay, et à l'exécution du testament de Madame de Vergeur, leur mère.

Mais, le 1er janvier 1693, pris de regret, François de Cauchon, comte de Lhéry, sa fille Madeleine, et Anne de Cauchon, comtesse de Lhéry, donnèrent assignation à Claude-André Coquebert pour rentrer en possession, par retrait lignager, des droits seigneuriaux et biens cédés le 4 janvier 1691, procédant de Marie de Vergeur, comtesse de Courtagnon

Cette procédure se termina à l'avantage de Monsieur de Belleaucourt, car il resta en possession de la seigneurie de Coulommes, et reçut même des dommages et intérêts pour cette assignation déclarée injuste.

Le 5 avril 1696, Henry de Coquebert, capitaine de dragons au régiment de Montalet, logé chez le sieur Dhardin, huissier rue de Chapelinie à Metz, donna commission à son frère, Claude-André, d'acheter la terre de Berthenay pour la somme de 8500 à 9000 livres, et la terre de Forzy pour environ 23000 à 24000 livres. Elles appartenaient au marquis le Danois de Joffreville et relevaient, la première du duc de Bouillon, la seconde de Michel François le Tellier, marquis de Courtanvaux (1).

L'acte d'achat fut passé à Reims le 2 mars 1697, pour le prix de 34 500 livres.

Et le 28 mars de la même année, Henry de Coquebert paya au duc de Bouillon 960 livres comme droits d'acquisition de la vicomté de Berthenay.

Nous sommes en mesure de donner quelques indications sur un autre frère de Claude-André, Joseph, chanoine de l'église métropolitaine de Reims (2).

« Le sieur Joseph Coquebert, ecclésiastique, a toujours vécu très exemplairement dans son cloître, content de son petit patrimoine et de son estat. Il fit son testament au lit de mort, par lequel il donna à Mme Coquebert, sa mère, une pen-

(1) Le Danois, famille alliée aux Miremont par le mariage vers 1530 de Joachine de Miremont avec Hugues II le Danois de Joffreville, gouverneur d'Hirson. Joachine était sœur de Jehanneton de Miremont, mariée avec Jean de Bussy d'Ogny. (Cf. *Une famille d'épée sous l'ancien régime*). Joachine était veuve en premières noces de Jacques de Boham, seigneur de Marcimont. Ce sont des aïeux de Monsieur de Boham, le dévoué président du syndicat de la Champagne.

(2) Son portrait existe à Belleaucourt.

sion viagère et laissa ses biens à ses deux héritiers, le sieur de Belleaucourt et sa sœur Agnès Coquebert, qui avait épousé dès lors clandestinement à à l'insu de toute sa famille le sieur du Breuil. »

Ces deux renseignements sur Joseph et Agnès Coquebert sont extraits d'un mémoire de Claude-André, leur frère, contre Charles du Breuil, écuyer, mari d'Agnès : ce dernier, avec l'appui d'un certain Joseph Besnard, marchand bonnetier de Paris, avait soulevé des difficultés au sieur de Belleaucourt au sujet de l'héritage du chanoine Joseph, et d'Agnès de Santeul, sa mère. Le sieur du Breuil paraît d'ailleurs n'avoir pas eu beaucoup d'ordre dans ses affaires, car il ne paya jamais à sa belle-mère le tiers du douaire dont il était chargé.

D'ailleurs Claude-André eut d'interminables procès avec sa sœur Madame du Breuil. Nous supposons que le fait d'avoir hérité de ses frères de Fleury, de Mutry, et enfin du chanoine, n'y fut pas étranger.

Quoi qu'il en soit, un certain Couraud, fermier de M. du Breuil à Coulommes, ayant en 1723 manqué de respect à Claude-André, celui-ci s'appuyant sur sa qualité de seigneur, attaqua le délinquant, en demandant à la Cour de Reims : 1° une amende de 500 livres : 2° un acte d'amende honorable, effectué à genoux, tête nue, devant six témoins, aux pieds de l'offensé. Nous ignorons comment cette affaire fut définitivement jugée.

Jeanne Agnès Coquebert et M. du Breuil, seigneur de la Guéritaude, eurent une fille, Agnès Geneviève du Breuil, qui épousa Arnaud Daniel de Thubert, garde du corps : ceux-ci revendirent leur part des bois de Coulommes à Jean François Moët de Louvergny, mari d'Agnès Coquebert de Belleaucourt, leur cousine-germaine.

Nous ignorons s'il y eut descendance de Madame de Thubert, née du Breuil.

Le 11 février 1702, M. Coquebert de Fleury obtint du Roi des lettres en forme de terrier pour sa terre et seigneurie de Forzy. Ces lettres lui garantissent ses droits : toute justice, haute, moyenne et basse, cens, rouage, bornage, lignage, coutume, épaves, fourches patibulaires, (qu'il est autorisé à faire « reterrer » aux lieux accoutumés), sur-cens, rentes, voiries, droit de bouchons et moitié des dîmes. Elles ordonnent à tous les vassaux de venir « prêter devoirs » en donnant déclaration de leurs possessions avec anciens titres à l'appui, sous peine de forfaiture et de réunion desdits héritages au domaine de la seigneurie. Un an après, le 13 février 1703, François le Petit, écuyer, seigneur de Richebourg, commettait Claude Antoine Caillier, notaire royal de Lagery, qui avait reçu les susdites déclarations, à la confection définitive de ce terrier, et le chargeait d'en faire publier la teneur ès paroisses d'Ogny, Aguizy, et autres lieux circonvoisins.

De Claude-André Coquebert de Belleaucourt, et de Jeanne Coquebert d'Agny, sont issus cinq enfants.

IX

IX. — 1° *Claude-André Coquebert de Belleaucourt*, écuyer, sgr de Forzy, Ogny, le Plessier, vicomte de Berthenay, né en 1683 et décédé à Reims sur la paroisse Saint-Jacques, le 7 février 1717. Il épousa

Anne-Elisabeth du Halleur, avec laquelle il habitait Forzy dès 1712 (1).

2° Nicolas-François, seigneur de Forzy et Berthenay en partie, prêtre, chanoine de l'église Notre-Dame (1688-1er mars 1744). Son portrait se trouve à Belleaucourt.

3° Marie, née en 1686, femme de Philibert Antoine Bellotte de Précy, écuyer, baron d'Aubilly et de Forsy-le Bailly, conseiller du Roi (2). Dame de Forzy en partie, elle décéda sans enfants en 1770. Philibert, veuf de Barbe de la Salle, était fils de Jean-Jacques, conseiller en l'élection de Laon, et de Marguerite Gaux. On voit à Belleaucourt un grand portrait de Marie de Précy (3).

4° Marie-Agnès Coquebert de Belleaucourt, née en 1694, mariée le 20 août 1726 à Jean-François Moët, chevalier, seigneur de Louvergny, capitaine au régiment de Guyenne, chevalier de Saint-Louis, son cousin germain par leur aïeul commun Claude Coquebert d'Agny, lieutenant des habitants. Elle décéda en 1760. Le portrait de Jean-François est au château de Belval en Laonnois.

5° Thomas Coquebert de Belleaucourt, aussi seigneur de Forzy et Berthenay, décédé sans enfants le 16 février 1754.

Thomas Coquebert, né en 1690, épousa, en 1727,

---

(1) Claude-André, et Elisabeth du Halleur furent parrain et marraine d'une cloche d'Aougny (Cf. *Une famille d'épée sous l'ancien régime*).

(2) Le portrait de Philibert de Précy est à Amiens dans la famille de Romance.

(3) Le livre de raison de la famille Coquebert de Montbret la nomme Jeanne-Henriette.

Marie-Roberte Lévesque , fille de Simon-Jean-Baptiste, écuyer. seigneur de Vandières.

A la mort de son père Claude-André, il hérita du domaine de Belleaucourt dont il porta le nom jusqu'à son décès arrivé en 1754. C'est alors que Jean-François Moët de Louvergny entra en possession de Coulommes, tous les fils de Claude-André étant décédés.

Le 9 mars 1757, Jean François Moët fit les actes de foi et hommage, accompagnés du dénombrement, à l'abbé de Saint-Remy, à cause du fief de Belleaucourt ; il mourut le 15 août 1775, en la paroisse Saint-Pierre de Reims, survivant de 15 ans à sa femme, décédée en la même paroisse le 22 avril 1760.

Son fils André François Moët était mort jeune, et sa fille, Madeleine Françoise-Louise Moët (1), avait épousé le 10 septembre 1750, Alphonse-César-Emmanuel-François, comte de Miremont, marquis de Berrieux, vicomte d Aizelle, baron de Montaigut, déjà vicomte de Gueux, Vrigny et Coulommes, du chef de ses aïeux, seigneur de Goudelancourt, Aumenancourt, Saint-Etienne, Fayaux, etc.

Alphonse de Miremont pouvait retrouver des souvenirs de famille dans les terres qui avoisinaient celles de sa femme. Ainsi près d'Ogny était le vieux château-fort de Lhéry, qui au XVIe siècle avait appartenu aux Miremont. A Aguizy, non loin de Forzy, se voyait la cloche donnée en 1538 par Jean de Bussy, et Jehanne de Miremont, sa femme. Cette cloche a par la suite été transférée à Villers-Agron, où elle existe toujours.

______

(1) Son portrait est à Belleaucourt.

Qu'on nous permette de donner ici l'analyse de l'acte qui substitua la baronnie de Gueux et la vicomté de Coulommes dans la branche de Miremont-Berrieux.

« Le 9 mars 1558, donation par devant de Huz et Angier, de la terre et seigneurie de Gueux par noble Guillaume de Miremont (1), abbé de Saint-Remy lès-Sens, et seigneur dudit lieu, à Guillaume de Miremont, seigneur de Lhéry, page de la chambre du Roy, fils de feu Philippes, et de Marguerite de Moy, auquel il substitue Guillaume de Miremont, fils de Jean, seigneur de Berrieux, et de Philippe de Bossut ; et à celui-ci, Henri de Miremont, fils aîné d'Henry, seigneur de Quatrechamps. »

Guillaume épousa Marguerite de Salazart, et décéda sans postérité.

La baronnie de Gueux, revint alors, avec les vicomtés de Vrigny et Coulommes-la-Montagne, à David de Miremont, fils de Guillaume de Miremont-Berrieux, et de damoiselle de Saint-Blaise, nièce de François Ier, puis à François, fils de David.

Le protonotaire Guillaume de Miremont testa le 9 mars 1558, et vivait encore en 1561. (Arch. de la maison de Vissec de la Tude.) Il laissa six cents écus soleil au monastère d'Annonnay, pour reconstruire le portail de l'église, à la charge d'y

---

(1) Miremont, ancienne maison d'Auvergne, issue de la race des sires de Montclar (dont Durant de Montclar vivant en 930). Filiation depuis Pierre Adhémar de Miremont, chevalier, vivant en 1075, seigneur du château de ce nom ; et ses frères, auteurs des seigneurs de Mauriac. Alliance avec les Noailles au 9e degré. Une branche s'est éteinte en se fondant dans les Bourbon-Malauze.

placer ses armes, et celles de Remiette Lescot, sa tante.

Nous avons traité tout au long la descendance du marquis de Miremont-Berrieux (1) dans « les ascendants maternels de saint Jean-Baptiste de la Salle ». Nous nous contenterons donc de rappeler brièvement les noms des familles qui en sont issues :

De Miremont, de Colnet, d'Herbemont, de Dion de Ricquebourg, de Bertoult, de Montangon, de Roys de Lédignan, de Klopstein, de Joybert, de Guillebon, de Francqueville, de Gillès, de Vissec de la Tude, de Massol de Rebetz, du Pin de la Guérivière, Richard de Vesvrotte, de Maillart de Landre, de Gestas de Lespérou, Puissant de la Villeguérif, du Puy de Grandval, de Fontenay, Rillart de Verneuil, de Chauvenet, de Romance, de Mython, Le Roux de Puisieux, de Buttet.

———

(1) Il avait à Reims un hôtel situé entre l'impasse de l'Arbalète et la place de l'hôtel de ville, hôtel échu ensuite à sa fille, Mademoiselle de Miremont de Saint-Etienne. Son beau-père, Jean-François Moët, y possédait :

1° L'hôtel du coin des rues de Chativesle et Jeanne d'Arc, acheté il y a peu d'années par M. Henri Thuillier ;

2° L'hôtel actuel de la famille Werlé, rue du Marc, vendu par un gendre de M. de Miremont, le chevalier de Colnet.

CHAPITRE IV

§ I. — BRANCHE DE VAUX ET D'ADON

IV. — *Jean Coquebert*, 2ᵐᵉ fils de Thierry et de Remiette Bachelier, seigneur de Vaux, épousa en 1540 Simone Cauchon, fille de Jacques III, vicomte de Louvois, et de Jeanne du Moulinet.

Dont :

V. 1° — *Nicolas*, qui suit.

2° Renaud, auteur d'un 1ᵉʳ rameau, énoncé plus loin.

3° Oudard, seigneur d'Adon mort le 1ᵉʳ juillet 1596, conseiller secrétaire du Roi en 1576 lieutenant des habitants en 1590, épousa Marie Chevalier, fille de Claude et d'Anne de Rouvray.

4° N... Coquebert, mariée à Henri Bachelier.

V. — *Nicolas Coquebert*, capitaine de milice à Reims, en 1583 refusa l'entrée de la ville (1) au duc de Guise, et servit fidèlement Henri III. Il épousa Marie Hachette.

Dont :

VI. — 1° *Jean* qui suit.

2° Thierry, auteur d'un second rameau, qui suivra le premier.

3° Nicolas, bénédictin.

4° Remy épousa Marie Colbert, fille de Jean, seigneur du Terron, et de Marie Bachelier.

(1) Marlot Français, page 462.

Dont :

VII. — *A). Pérette*, femme de Nicolas le Fricque, capitaine de l'Arquebuse.

B.) Marie, femme de Raoul Viscot, avocat.

C.) Oudard, auteur d'un troisième rameau, qui suivra le second.

VI. — *Jean Coquebert* épousa Marie Jobart. Dont :

VII. — 1° *Nicolas*, qui suit.

2ª Oudard, épousa Marguerite de la Salle, fille de Lancelot et de N... le Fondeur, d'où Marie, femme de Robert Rouan et Marguerite femme de Nicolas Bulteau.

3° Jeanne, mariée à Louis de Vaix.

4° Marie, femme d'Eustache de la Salle.

5° Simonette, femme d'Adam Mimin.

6° Nicole, femme de Nicolas Briot.

VII. — *Nicolas Coquebert*, épousa Elisabeth Pavrois, dont :

VIII. — *Thomas Coquebert*, mari d'Elisabeth Dorigny, dont nous ne connaissons pas la descendance.

PREMIER RAMEAU

V. — *Renaud Coquebert*, fils de Jean, et de Simone Cauchon, épousa Pérette Bachelier. Dont :

VI. — *Henri Coquebert*, seigneur d'Adon. Il épousa Charlotte de Féret, fille de René, écuyer, seigneur d'Alincourt, vidame de Châlons, capitaine des chevau-légers de Champagne, et de Marie Moët, des seigneurs de Brouillet,

Dont :

VII. — 1° *Henri Coquebert*, seigneur d'Adon, époux de Jeanne Martin. D'où sont issus deux fils : Pierre, prieur de bénédictins, et Hubert.

2° Nicolas, aussi seigneur d'Adon, mort sans hoirs en 1685.

3° N..., Coquebert, bénédictin.

SECOND RAMEAU

VI. — *Thierry Coquebert*, fils de Nicolas, et de Marie Hachette, épousa Nicole Mimin.

Dont :

VII. — 1° *Thomas*, mari de Marguerite Marlot. D'où Appolline, femme avant 1674 de Louis Martin, seigneur de Fontenelle ; Marie, et N...

2° Nicolas, qui suit.

3° Guillemette.

4° Antoinette.

VII. — *Nicolas Coquebert*, épousa Nicole de la Motte.

Dont :

1° Thomas.

2° Thierry, capucin.

3° François, capucin.

4° Simon, bernardin.

5° Remiette, prieure de Longueau.

6° Marie, décédée à 17 ans.

7° Nicole, née à Reims en 1659, femme de Nicolas Oudinet, assesseur en la maréchaussée de Reims, puis d'André de Beaufort, sgr de la Noue (famille qui portait : *d'argent à trois bandes de gueules*). Elle décéda en 1643 (1).

TROISIÈME RAMEAU

VII. — *Oudard Coquebert*, petit-fils de Nicolas, et de Marie Hachette, et fils de Remy et de Marie Colbert, épousa Guillemette Gilles.

Dont :

VIII. — 1° *Jean*, mort à Lyon en 1627.

2ᵒ Nicole, mariée à Robert Dallier.

3° Jeanne, femme de Nicolas Dallier, conseiller du Roi, grenetier à Reims, lieutenant des habitants, mort sur la paroisse Saint-Jacques le 12 octobre 1685, et dont le portrait se trouve au musée de la Ville. Elle décéda le 20 octobre 1671.

4° Marie, femme de Pierre Richelet.

5° Guillemette, mariée 1ᵒ à Jean Maillefer, dit Beaujean ; 2ᵒ à N… Maillefer, fils de Jean, et de Roberte Frémyn, des seigneurs de Sapicourt.

(1) Il ne faut pas confondre les seigneurs de la Noue avec les Beaufort, seigneurs d'Epothemont et Frampas, sortis au début du XIIᵉ siècle de la maison de Broyes, celle-ci puissante en Champagne dès le Xᵉ siècle. Simon de Beaufort, vivant en 1120, était en effet fils de Hugues de Broyes. Les Joinville proviennent aussi des Broyes.

§ II. — BRANCHE D'AGNY

V. — *Thomas Coquebert*, fils de Simon II, et d'Adrienne de Noël, épousa Jeanne Maillefer.

Dont :

VI. — 1° *Simon*, qui suit :

2° *Nicolas*, auteur d'un premier rameau.

3° *Claude Coquebert*, seigneur d'Agny, lieutenant des habitants, né en 1612, épousa Nicole Coquebert, fille de Thomas, et de Nicole Boulet. Son portrait est à Belleaucourt.

Dont :

> *A.)* Thomas (1), aussi seigneur d'Agny, décédé célibataire, en nommant pour exécuteur testamentaire son neveu Jean-François Moët de Louvergny, futur mar^i d'Agnès Coquebert de Belleaucourt.
>
> *B.)* Simone, religieuse.
>
> *C.)* Madeleine, née en 1646, femme en 1669 de Jean Moët de Louvergny, fils de Jean, écuyer, seigneur de Brouillet, et de Pérette Lespagnol.
>
> *D.)* Jeanne, née en 1652, femme de Claude André Coquebert de Belleaucourt, écuyer, seigneur de Coulommes.

(1) Thomas mourut le 14 septembre 1708 en la forteresse de Forzy à l'âge de 50 ans, et fut inhumé en la chapelle Saint-Nicolas de l'église, aujourd'hui détruite, de Saint-Crépin et Saint-Crépinien d'Aguizy, en présence de Mmes de Brouillet et de Belleaucourt, ses sœurs. Son acte de décès (aujourd'hui à Villers-Agron-Aiguizy) est signé par Jeanne Coquebert de Belleaucourt.

E.) Marie, femme de Nicolas Moët, écuyer, seigneur de Brouillet, conseiller au présidial.

4° *Marie*, mariée à Oudart Bachelier, capitaine des arquebusiers, lieutenant des habitants. Le 24 juillet 1600, celui-ci, devenu veuf et tuteur de ses enfants, vendit à Jean Coquebert de Coulommes la part par lui héritée en ce domaine, exempte des lots et ventes par le rachat qu'en avait fait feu Adrienne Noël le 22 mars 1575. (Passé par devant Simon et Nicolas Coquebert, oncles maternels des dits enfants).

VI. — *Simon Coquebert*, épousa en 1629 Marie Branche, fille de Nicolas, seigneur d'Héraulcourt, et de Guillemette Racquet.
Dont :

VII. — 1° *Thomas*, qui suit.

2° Simon, époux de Marie Viscot.
Dont :

   A.) Simon mort en 1662.

   B.) Lancelot, époux de Roberte Josseteau, fils de Nicolas et de Jeanne Maillefer.

   C.) Jean, seigneur de Roquecauve, mort en 1685.

   D.) Marie, femme d'Ed. Forzy, receveur des Tailles.

   E.) Barbe, femme de Simon Lévesque de Vandières, lieutenant particulier, arrière-oncle du vicomte de Champeaux-Verneuil.

   F.) Françoise.

3° Jean, auteur d'un 2ᵉ rameau.

4° Pérette, femme de Jean-Jacques Bellotte de Précy. Leurs portraits se trouvent tous deux à Belleaucourt.

5° Antoinette, mariée à Jean de la Salle, fils de François, et de Jeanne Lespagnol.

6° Barbe, mariée à Lancelot de la Salle, père du précédent. Elle mourut le 18 mars 1652. — Barbe et Lancelot sont les aïeuls paternels de saint Jean-Baptiste de la Salle.

7° Marie, mariée à Jean Frizon.

VII. — *Thomas Coquebert* épousa Marie de Chaa-lons.

Dont :

VIII. — 1.° *Louis*, époux de Marguerite Coquebert, fille de Jean et d'Elisabeth de la Salle.

Dont :

A.) Jean, augustin.

B.) Thomas, augustin.

C.) François, seigneur d'Agny, décédé en 1741, époux de demoiselle Dallier, fille de Nicolas, lieutenant des habitants, et de Jeanne Coquebert. Elle mourut le 20 octobre 1671. Ils eurent une fille, Louise Marguerite, mariée à Remy-Joseph Coquebert de Montfort, conseiller au parlement de Metz.

2° Simon, conseiller du Roi, bachelier en théologie, époux de Marie Vary, d'Epernay dont :

A.) Louis, jésuite.

B.) Henri.

C.) Madeleine.

D.) Nicole.

E.) Marie.

Dès le 25 juin 1693, un procès au sujet des tailles d'Epernay était engagé entre les Coquebert et François Vary, sans doute frère de Marie. En 1718, Marie Vary, veuve de Simon Coquebert, et ses deux filles, Marie et Nicole Coquebert le soutenaient encore contre ledit François Vary.

3° Claude Coquebert.

4° Barbe, femme de Jean-Jacques Callou, capitaine de l'Arquebuse, dit le Jeusne.

5° Marie, femme de François Lespagnol, seigneur de la Mite, (fils de Lancelot, et de Thomase Pillois), receveur des deniers communs et extraordinaires de Reims.

Le 29 décembre 1645, Marie de Chaalons, veuve de Thomas Coquebert « l'Aisnel », fit donation de tous ses biens à ses enfants. Ils furent partagés en 5 lots et tirés au sort le 8 janvier 1646. A Claude Coquebert, échut la maison où la donatrice faisait sa demeure, rue des Elus, maison estimée 10.000 #.

PREMIER RAMEAU

VI. — *Nicolas Coquebert*, seigneur d'Acy, fils de Thomas, et de Jeanne Maillefer, épousa Barbe Bachelier.

Dont :

VII. — 1° *Simon Coquebert*, mari vers 1627 d'Isabeau Lespagnol, fille de Nicolas, lieutenant des habitants, et de Jeanne Coquebert du Metz.

Dont :

    A.) Nicolas, chanoine régulier.

    B.) Jean, bénédictin réformé.

    C.) N., religieuse.

D.) N., religieuse,

E.) N., religieuse, née avant 1639.

F.) Marie Coquebert d'Agny, née en 1639, décédée le 26 octobre 1693, mariée avant 1660 à Louis de la Salle, conseiller secrétaire du Roi, lieutenant des habitants en 1697, mort le 21 mars 1698, fils de Jean de la Salle, et d'Antoinette Coquebert.

2° Henri, époux de Jeanne le Fondeur.
Dont :

Marie, femme de Nicolas Lespagnol, gentilhomme de madame la duchesse d'Orléans, fils de Jean, et de Jeanne Coquebert.

3° Renée, épouse de Gérard Coquebert de Crouy, fils de Simon, seigneur de Crouy, et de Jeanne Boulet.

4° Barbe, femme de Jean Arnoulet, seigneur de la Rochefontaine, élu en l'élection.

5° Isabeau, femme de Christophe de Bignicourt, receveur des décimes, mort en 1658, fils de Jean de Bignicourt, grand prévôt de Champagne, et de Marguerite Lefèvre.

DEUXIÈME RAMEAU

VII. — *Jean Coquebert,* fils de Simon, et de Marie Branche, épousa Marie de la Salle, tante de saint Jean-Baptiste, et fille de François et de Jeanne Lespagnol.
Dont :

VIII. — 1° *François,* chanoine de Verdun.
2° Pierre, qui suit.

3° Jean Coquebert, époux de Barbe Amé, fille de Nicolas et de Claude Roland, dont :

> *A.)* Antoine, mari de N... Faciot.
>
> *B.)* François, mari de N... Baillet.
>
> *C.)* N..., mariée à N.. Caillembaux, seigneur d'Eville.
>
> *D.)* Jeanne, femme de Nicolas de la Salle, capitaine de l'Arquebuse, fils de Jean et de Nicole Marlot.

VIII. — *Pierre Coquebert,* épousa Simone Viscot, fille de Raoul, avocat, et de Marie Coquebert.
Dont :

1° François, capucin, puis chanoine de Verdun.

2° Simon, chanoine de Verdun.

3° Anne, religieuse clarisse.

4° Françoise, mariée à Adam Blanchebarbe, conseiller au présidial.

CHAPITRE V

§ I. — BRANCHE DE TOULY

V. — *Thierry Coquebert,* troisième fils de Simon, et d'Adrienne Noël de Muire, épousa Remiette Godinot.
Dont (1) :

VI. — *Innocent Coquebert,* marié en 1600, à Nicole de la Haye. Dont :

(1) Thierry Coquebert et Adrienne Noël eurent aussi deux filles : Adrienne, femme de Nicolas Dorigny, fils de Claude

1º Innocent qui suit.

2º Martin, curé de Touly, et seigneur dudit lieu ; mort en 1701 Touly, près de Marle, est dans l'ancienne Thiérache.

3º Nicolas, mari d'Elisabeth Maingot (1).

4º Claude, mari de Nicole Neveu.

5º Jean, époux de Barbe Colbert, fille de Nicolas, et d'Elisabeth Rogier.

6º Thierry, époux de Jacqueline Frizon. Dont :

> *A*.) Michel, chanoine de Reims.
>
> *B*.) Jean, aussi chanoine ;
>
> *C*.) Nicolas, religieux à Saint-Jean de Soissons ;
>
> *D*.) Philippe, bénédictin ;
>
> *E*) Thierry, capucin ;
>
> *F*.) Claude, religieuse ;
>
> *G*.) Marie religieuse ;
>
> *H*.) Pérette, femme de Claude Nolin, médecin ;
>
> *I*.) Nicole, femme de Louis Martinet ;
>
> *J*.) Adrienne, femme de Jean Gilles.

(† 1567), et de Jeanne Coquillard ; et Marguerite, femme 1º de Pierre le Clerc, dit Pringuise. 2ᵉ de Claude Dorigny († 1601), frère du précédent.

Touly est un château situé non loin de Vouziers. Possédé aujourd'hui par la famille Vézy de Beaufort, il a été récemment détruit par un incendie.

(1) La famille Coquebert de Montbret possède au château de Romain un livre de raison, redigé au XVIIIᵉ siècle : d'après ce livre, un des fils d'Innocent Coquebert, et de Nicole de la Haye serait l'auteur d'une branche tombée en roture, et représentée il y a un siècle par des habitants de Liesse et de Brimont, qui paraissent avoir descendance à Reims.

7º Marie, femme de Nicolas Moreau.

8º Adrienne, femme d'Artus Généhault.

VII. — *Innocent Coquebert*, IIe du nom, épousa en 1630, Jeanne Coquebert de Vaux.

Dont :

Michel, qui suit.

VIII. — *Michel Coquebert*, écuyer, fut seigneur de Touly par moitié avec son oncle, curé dudit lieu. Ce dernier fit donation de sa part à son petit neveu Jérôme — (Gallien, notaire royal à Laon, le 8 mai 1696).

Michel épousa Marie Foulon en 1670. Celle-ci mourut en 1696.

Dont :

1º Jérôme qui suit.

2º Martin, seigneur de Guise, dont un fils Jean, né le 29 juillet 1691.

IX. — *Jérôme Coquebert*, 1er du nom, écuyer, sgr de Touly, né audit lieu en 1671 épousa à Nouvion, le 26 novembre 1697, Marie-Thérèse de la Boue, fille de Pierre, baron d'Étréaupont, décédée à Nouvion en 1753, et inhumée en l'église Saint-Denis dudit Nouvion.

Dont :

1º Jérôme, qui suit :

2º André, né à Nouvion en 1707, procureur du Roi et échevin de Creil, inhumé en l'église de ce lieu, le 22 septembre 1763 ; il épousa en 1735 à Creil N.....

3º Marie-Anne-Thérèse, née le 26 juin 1708.

4º Jean-Baptiste (2 octobre — 3 octobre 1709).

5º Marie-Anne, née le 25 octobre 1710.

X. — *Jérôme Coquebert de Touly*, II⁰ du nom, écuyer, seigneur dudit lieu, né en 1711 à Nouvion, conseiller du Roi, chevalier de Saint-Michel, contrôleur des guerres et de la maison du Roi, épousa en 1753 à Paris (paroisse Saint-Méry) Madeleine Françoise Respingès du Ponty : il mourut à Creil en 1781.

Dont :

XI. — 1° *Alexandre*, qui suit.

2° Augustin, né à Paris en 1756, mari en 1780 de N..... Chatillon, sans enfant.

3° Marie-Marguerite, née à Paris en 1757, mariée à Creil en 1779, à messire Nicolas Gélin, pensionnaire du Roi.

4° Anne-Françoise, née à Paris en 1759, décédée à Senlis en 1738.

5° Jérôme-Salomon, né à Creil en 1766, marié à Paris en 1792 à Anne-Louise de Buire, mort audit Paris sans enfant en 1793, le 11 nivôse.

XI. — *Alexandre Coquebert de Touly*, écuyer, né à Paris le 20 janvier 1759, épousa à Versailles en 1787, Louise-Marguerite de Bonnefoy du Charmel fille d'Antoine, chambellan de Louis XVI. Il mourut à Orléans en 1837.

Dont :

XII. — 1° *Alexandre-François*, qui suit, né à Paris, le 5 septembre 1792.

2° Antoinette-Madeleine, née à Paris en 1789, y décédée en 1864.

3° Pierre-Alexandre, décédé le 19 fructidor, an V.

XII. — *Alexandre Coquebert de Touly*, écuyer, épousa Marie Madeleine Cimetier, et décéda en 1859.

Dont :

1º Louise-Antoinette-Amélie (1825-96).

2º Henri-François-Marie (1827-34).

3º Isidore, né et décédé le 7 octobre 1833.

4º Henri-Emile-Ernest (1835-42).

5º Jules-Louis-Marie, qui suit.

XIII. — *Jules Louis-Marie Coquebert de Touly*, né à Orléans le 10 décembre 1836, épousa en 1873 Marie-Louise-Germaine Gauthier.

Dont :

1º Pierre-Louis Alexandre né le 20 août 1873.

2º Henri-Jules-Joseph, né le 11 juillet 1876, lieutenant d'infanterie coloniale.

3º Paul-Marie-Edmond, né le 12 février 1878, prêtre de la Société des missionnaires du Sacré-Cœur.

4º Marthe-Marie-Gabrielle, née le 10 août 1879.

§ II. — BRANCHE DE LA FAUCONNERIE

VI. — *Simon III Coquebert*, fils aîné de Jean, et de Marguerite Béguin, (1570, 8 septembre 1633), seigneur de Crouy, et de Montfort, Président en l'élection, épousa Jeanne Boulet, fille de Pierre, seigneur de Verzenay, tandis que son frère Thomas épousait la sœur de celle-ci, Nicole Boulet. Il mourut à Reims le 8 septembre 1633.

Les héritiers de Pierre Boulet, père des deux

dames Coquebert ci-dessus, sont tous nommés par l'acte de partage qui suit :

« L'an 1599, le 14e jour de mars, sont comparus honneste homme maistre Nicolas Boulet, recepveur des Tailles et Aydes en l'Eslection de Reims, demandeur en matière de partaige ; Symon Cocquebert le Jeusne, marchand, Jehanne Boulet, sa femme ; Jehan Cachette le Jeusne, Damoiselle Barbe Boulet, sa femme ; Thomas Cocquebert, damoiselle Nicolle Boulet, sa femme,…. tous héritiers de feu Maistre Pierre Boulet, vivant, Président en l'Eslection de Reims, demourant à Reims ; deffendeurs… etc.

Ledit héritage, comprenant censes, terres et bois aux terroirs de Montois. Saint-Souplet, Verzenay, est donc divisé en 5 lots. »

(Chartrier de Belleaucourt. *dossiers Coquebert*).

De Simon Coquebert et de Jeanne Boulet sont issus :

VII. — 1° *Jean*, qui suit, seigneur de Mutry.

2° Gérard, auteur de la branche des seigneurs de Crouy, de Montbret, et de Romain.

3° André, auteur de la branche des seigneurs de Montfort.

4° Pierre Coquebert, mari de Marguerite Chertemps ; dont :

> *A.)* André, chanoine de Saint-Timothée ;
>
> *B.)* Louise, femme de Henri Lespagnol, seigneur de la Mite, fils de François, et de Marie Coquebert.

5° Elisabeth, née en 1589, mariée en 1606 à Jean Lespagnol, seigneur de Muire, fils de Jean, et de Jeanne Loreignol.

6° Barbe, née en 1593, mariée à André d'Aoust, seigneur de Bucy, trisaïeule de Louise de la Garde, comtesse de Polignac en 1742.

VII. — *Jean Coquebert*, seigneur de Mutry, épousa Elisabeth de la Salle, fille de François, et de Jeanne Lespagnol.

Dont :

1° Gérard

2° Jean, chanoine de Saint-Augustin.

3° André, aussi chanoine de Saint-Augustin.

4° François, item.

5° Louis, item.

6° Simon, qui suit.

7° Lancelot, mort à 20 ans.

8° Marguerite, femme de Louis Coquebert, fille de Thomas, et de Marie de Chaalons.

9° Jeanne, religieuse.

10° Antoinette, item.

VIII. — *Simon Coquebert*, seigneur de la Fauconnerie, capitaine de l'Arquebuse, épousa :

1° Barbe Noblet ;

2° Marie Maillefer en 167...

Dont :

Simon, qui suit.

IX. — *Simon Coquebert de la Fauconnerie*, écuyer, naquit en 1675 et fut inhumé aux Cordeliers le 14 décembre 1735. Président des Trésoriers de France et lieutenant des habitants, il épousa Marguerite-Angélique Coquebert de Montfort, fille d'Etienne, et d'Antoinette Le Clerc.

Dont :

1º Jean-Baptiste de Coquebert, écuyer, né paroisse Saint Pierre le 20 décembre 1709, capitaine au régiment de Champagne, blessé à Prague en 1734, et à Fribourg en 1744.

2º Henri Coquebert de la Fauconnerie (20 juin 1704-15 juin 1781), président des Trésoriers de France, lieutenant des habitants. Il eut l'honneur de haranguer la Reine en 1765 et fut plusieurs f oisdéputé à la Cour.

Il épousa à Reims le 18 décembre 1750 Marguerite Coquebert de Mutry, fille de Jean-Baptiste, écuyer seigneur dudit lieu, et de Catherine Lepoyvre de Villers (1).

3º Antoine Remy Coquebert, conseiller au Parlement de Metz, épousa Louise-Charlotte Coquebert de Montfort, fille de Remy Joseph et de Louise-Marguerite Coquebert.

§ III. — RAMEAU DE MONTBRET

VII. — *Gérard Coquebert, seigneur de Crouy, et de La Marlière*, fils de Simon III, et de Jeanne Boulet, naquit à Reims en 1597, et épousa vers 1624, Renée Coquebert, fille de Nicolas, seigneur d'Acy et de Barbe Bachelier (2). Il mourut le 6 septembre 1667 en la dite ville.

---

(1) Henri Coquebert a tenu à Reims une très grande place. La gravure du portail de Saint-Pierre de Reims lui a été dédiée par Robert. On y remarque ses armoiries surmontées d'une couronne de marquis.

(2) Marie Bachelier, sœur de Barbe, épousa Jean Colbert, seigneur du Terron, aïeul de Jean-Baptiste Colbert.

Dont :

1° *Nicolas*, qui suit.

2° Christophe Coquebert, né en 1624, seigneur de la Marlière, capitaine au rég^t de Schulemberg, blessé le 3 juillet 1654 au siège d'Arras, décédé après 15 jours de souffrances, et inhumé aux Cordeliers de cette ville devant le Maître-Autel (1).

VIII. — *Nicolas Coquebert*, écuyer, seigneur de Montbret, et Crouy, conseiller au parlement de Metz en 1668, épousa le 4 octobre 1649, Jacqueline de la Salle, fille de Jean, et d'Antoinette Coquebert. Il mourut à Reims le 16 octobre 1687, âgé de 83 ans (2).

Dont :

1° Jean-Baptiste qui suit.

2° Gérard-Joseph Coquebert de Crouy, chanoine de Reims, né en 1657, décédé à Gonesse en 1703.

IX. — *Jean Baptiste Coquebert*, *chevalier*, *seigneur de Montbret*, (1653-1711), conseiller maître en la Chambre des Comptes, épousa en 1678 Marie Roland. fille de François, écuyer, seigneur vicomte de Romain (aïeul maternel du fameux diacre François de Paris) et de Perrette Barré.

Dont :

1° Jean-François qui suit :

2° Nicolas, auteur du rameau des seigneurs de Crouy et Romain.

(1) Aujourd'hui emplacement de deux hôtels contigus, appartenant à M. Cabuil, avocat, rue des Récollets.

(2) Il fut plusieurs fois député par sa compagnie vers le roi Louis XIV. — Le 15 janvier 1672 il bailla à louage la maison de la *Basse Muire* près Reims.

3° Marie-Thérèse, née en 1681, visitandine à Paris, au couvent de la rue du Bac.

4° Marie-Madeleine, dite Mlle de Montbret (1697-1721).

X. — *Jean-François Coquebert*, chevalier, seigneur de Montbret, né à Paris le 11 mars 1683, épousa en 1709 Charlotte Herbinot, fille de François, conseiller au Châtelet et de Charlotte Cousinet. Il était lui-même conseiller du Roi, et correcteur en la Chambre des Comptes.

Il mourut en 1735.

Dont :

1° Jean-Baptiste, né à Paris en 1711, mort en 1795, conseiller à la Cour des Comptes en 1736.

2° Jean-François, qui suit.

XI. — *Jean-François Coquebert*, chevalier, sgr de Montbret, (6 avril 1715-1789), conseiller à la Cour des Comptes, épousa en 1752 Geneviève Hazon, fille de Jean-Baptiste, écuyer, conseiller au Châtelet, et de Charlotte le Couteulx.

Dont :

1° Antoine-Jean, qui suit.

2° Charles-Etienne, né en 1755, créé baron de Montbret en 1809, chevalier de la Légion d'honneur, voyageur connu dont le portrait a été lithographié (1).

Il épousa en 1780 Charlotte Hazon, fille de Barthélemy-Michel Hazon, écuyer, et de Marie-Madeleine Malinguehen.

____

(1) En 1815, il fut ministre plénipotentiaire de France auprès des Alliés, après avoir été au temps de l'Empire, ministre du roi Louis de Hollande.

Dont :

> *A.)* Antoine, né à Hambourg en 1781, mort au Caire en 1801, au cours d'un voyage d'exploration.

> *B.)* Barthélemy, né à Hambourg en 1785.

C.) Eugène (1785-1849), orientaliste célèbre, qui légua à la Bibliothèque de Rouen 60 000 volumes, et une ferme de 210 000 fr.

> *D.)* Cécile, mariée en 1800 à Alexandre Brongniart, directeur de la manufacture royale de Sèvres, correspondant de l'Institut, etc.

3° Antoine Romain, chevalier, seigneur de Montbret, né en 1767, lieutenant-colonel, aide de camp du général Custine.

XII. — *Antoine-Jean Coquebert*, chevalier seigneur de Montbret, conseiller à la Cour des Comptes, puis à la Cour d'Appel d'Amiens, était né en 1753 à Paris. Le 8 avril 1788, il épousa au château de Romain, près Fismes :

Simone Rose Coquebert de Romain, fille de Christophe et de Jeanne Françoise Roland. Elle mourut à Paris le 11 octobre 1791, âgée de 21 ans.

Dont : Auguste, qui suit.

Le 15 juillet 1800, Antoine-Jean épousa en secondes noces, audit château de Romain, Marie Henriette Coquebert, sœur germaine de sa première femme, veuve en 1792 de Samson Marie le Scellier, chevalier, seigneur de Blécourt, officier au régiment de Condé Dragons.

Dont :

1° Gustave, né en 1804, décédé à Paris en 1836.

2º Charlotte Octavie, née en 1802, mariée en 1825 à Pierre Doé de Maindreville, ancien conseiller à la Cour d'Amiens : dont 5 fils et 2 filles.

XIII. — *Auguste Romain Coquebert de Montbret*, né en 1790, mort à Romain en 1840. chevalier, conseiller du Roi, conseiller en la Cour d'Amiens, épousa en 1824 Elisabeth Louise Coustant d'Yanville, née à Senlis en 1803.

Dont :

1º Auguste-Paul, qui suit.

2º Charlotte-Henriette, née en 1828, mariée à Compiègne en 1851 à Charles-Ernest Debonnefoy de Montbazin, ingénieur civil, dont trois enfants.

3º Marie-Antoinette, sœur jumelle de la précédente, mariée à Compiègne en 1855 à Amédée de Guillebon, sous-inspecteur des forêts. Dont un fils.

4º Marie-Caroline-Gabrielle, née à Romain en 1840, mariée à Raymond le Harivel de Mézières.

XIV. — *Auguste-Paul Coquebert de Montbret*, mort à Versailles le 31 décembre 1888, ancien capitaine au 2ᵉ régiment de cuirassiers de la garde impériale, épousa à Laval en 1861 Anne Marguerite Bernard-Dutreil, née en 1835, fille de Jules Bernard-Dutreil, ancien officier du génie, représentant à l'Assemblée Nationale en 1848 et 1871, sénateur en 1875, et de Pauline Lemounier de Lorière.

Dont une fille :
Elisabeth-Jeanne qui suit.

XV. — *Elisabeth-Jeanne Coquebert de Montbret*, née à Laval le 19 novembre 1862, épousa à Versailles, le 12 janvier 1886 Paul-Augustin-Marie, comte de Méhérenc de Saint-Pierre, né le 23 août 1854, ancien officier de marine.

Dont :

1° Simone-Marie-Josèphe, née à Versailles le 26 mars 1887.

2° Paul-Augustin-Marie, né à Versailles.

3° Yves-Romain-Gaston-Marie, né au château de Romain le 22 juillet 1891.

4° Jacqueline, née audit château en janvier 1893.

§ IV. — RAMEAU DES SEIGNEURS DE CROUY ET ROMAIN

X. — *Nicolas Coquebert*, ch^er, seigneur de Crouy, fils de Jean-Baptiste, et de Marie Roland, né à Paris en 1694, épousa Anne-Gérardine-Félicissime de Bignicourt, fille de Christophe, seigneur de Chambly, Chenay et Merfy et de Nicole Rogier de Ludes. Il mourut à Reims le 30 mars 1748.

Dont :

1° Christophe-Nicolas, qui suit.

2° Joseph Remy, ch^er, seigneur de Bussy, capitaine au régiment de Champagne (1724-54).

3° Marie-Nicole-Charlotte, clarisse à Réims (1720-71).

4° Marie-Anne-Félixe, aussi clarisse à Reims (1726-68).

5° Jeanne-Marguerite, dite Mademoiselle de Bussy (1728-70).

XI. — *Christophe-Nicolas Coquebert*, ch^er, seigneur de Crouy, Courcelles, La Neuvillette, vicomte de Romain, capitaine au régiment de Guyenne, chevalier de St-Louis, (1722-93), blessé à la bataille de Hastenbeck, épousa Jeanne Françoise Roland, (fille de Pierre, écuyer, et de Jeanne-Elisabeth de Récicourt), décédée en mars 1805.

Dont :

1° Christophe Pierre, qui suit :

2° Charlotte, mariée au château de la Malle, près Reims, à André d'Ivoiry, chevalier de St-Louis, ancien capitaine commandant au régiment de Bouillon (9 sept. 1789). Il mourut en 1807, et sa femme en 1812 en la ville de Reims.

3° Marie-Henriette, mariée, à Samson le Scellier de Blécourt, puis à Antoine-Jean Coquebert de Montbret, après le décès de Rose-Simone ci-dessous.

4° Rose-Simone (1770-91) mariée à Antoine-Jean Coquebert de Montbret.

5° Anne, mariée à Ladislas-Louis de La Goille de Courtagnon.

XII. — *Christophe-Pierre Coquebert de Romain*, né à Reims le 18 février 1777, émigra ; il servit dans les chevaliers de la Couronne, fut garde du corps, et épousa, le 5 octobre 1803, Alexandrine-Françoise Aubé de Bracquemont, (fille de Louis-Alexandre, capitaine de cavalerie, et de Louise de Fay d'Athies,) décédée le 1er mai 1813, âgée de 31 ans.

Dont :

Claire-Honorine Coquebert de Romain, née le 8 mars 1805.

§ V. — RAMEAU DES SEIGNEURS
DE MONTFORT

VII. — *André Coquebert de Montfort*, 3ᵉ fils de Simon III. et de Jeanne Boulet, lieutenant particulier au bailliage de Reims, lieutenant des habitants de 1660 à 1665, épousa Marie Arnoulet.

Il mourut le 6 mai 1671, et fut inhumé aux Cordeliers.

Dont :

1° Etienne, qui suit.

2° Gérard, auteur du rameau des seigneurs de Mutry et Taisy.

VIII. — *Etienne Coquebert de Montfort*, lieutenant particulier au bailliage de Reims, épousa en août 1665, Antoinette Le Clerc, fille de Jacques, et de Nicole Frémyn.

Dont :

1° Remy, qui suit.

2° Louis, alias Henry Joseph, conseiller au parlement de Metz, mari de Louise-Marguerite Coquebert.

Dont : Louise-Charlotte.

3° Simon, lieutenant des habitants en 1733, trésorier de France, connu pour son érudition.

4° Marie, femme de Charles Béguin de Sausseuil, conseiller à la Cour des Monnaies, décédé le 2 février 1689.

5° Louise-Charlotte, femme de Louis-Charles Béguin, écuyer, seigneur de Coëgny, Châlons-sur-Vesle et Rocquincourt, lieutenant particulier au bailliage, fils de Simon, et de Catherine d'Escanne-velle, mort à Chaillot le 29 juin 1717.

6' Marguerite-Angélique, femme de Simon Co-quebert de la Fauconnerie, écuyer, fils de Simon, et de Marie Maillefer ; Marguerite décéda le 14 juillet 1734, et son mari en 1735.

IX. — *Remy-Joseph Coquebert de Montfort*, écuyer, né vers 1668, conseiller au parlement de Metz, épousa à Saint-Pierre de Reims, le 15 février 1706, Louise-Marguerite Coquebert, fille de François, conseiller en l'élection, et de Marie Favart.

Dont :

1° Antoine-Etienne qui suit.

2° Jean-Joseph, conseiller au parlement de Metz, époux à Vadenay en 1743 de Marie-Charlotte Blan-chon de Juzancourt, mort à Reims en 1756.

Dont :

> *A.)* Alexis-Pierre Nicolas, né à Reims sur Saint-Pierre le 15 février 1748.
>
> *B.)* Catherine-Charlotte, mariée en 1762 à Jean-Henry Leleu, seigneur d'Aubilly, re-ceveur des finances à Reims, fils d'Henry, et de Marguerite Mongras.

3° Louise-Charlotte.

4° Marguerite-Angélique.

X. — *Antoine-Etienne Coquebert de Montfort*, écuyer, conseiller au parlement de Metz, épousa à Ludes le 12 août 1744, Marie Françoise Hiéronyme Rogier de Ludes, fille de Charles, capitaine au régi-ment d'Auvergne, et de Marie-Simone Lespagnol.

Dont :

1° Antoine-Charles-Louis, né en 1752.

2° Antoinette-Charlotte-Marie, mariée le 21 août 1764 à Nicolas-François Branche de Flavigny, fille de Nicolas, et de Marie- Charlotte Marquette.

XI. — *Antoine-Charles-Louis Coquebert de Montfort*, épousa Anne-Julie-Jeanne Lévesque de Pouilly, fille de Jean-Simon, et de Marie-Anne-Julie Hocquet.

Dont une fille, Alexandrine-Angélique Coquebert de Montfort, femme d'Antoine-François Maillefer.

§ VI. — RAMEAU DES SEIGNEURS DE MUTRY ET TAISY

VIII. — *Gérard Coquebert*, écuyer, secrétaire du Roi, seigneur de Ponchoire et des Grandes Fontaines, major des milices de Reims, épousa le 21 février 1666 Barbe Roland, fille de Pierre, et de Madeleine Maillefer.

Dont :

1° Pierre, mort en bas-âge.

2° Simon-Joseph, chanoine de Saint-Augustin.

3° Pierre-Joseph, avocat.

4° Louis-Remy, mort à 3 ans.

5° Jean-Baptiste, qui suit.

6° Elisabeth, morte en bas-âge.

7° Marie-Madeleine, religieuse de Saint-Pierre.

8° Marie-Anne, mariée à Jean Lévesque de Bussy, fils de Jean, et de Roberte Josseteau.

9° Elisabeth (1669-1733), mariée le 28 janvier 1687 à Jean-Baptiste Maillefer, capitaine receveur de la ville, décédé en 1697, fils de Jean, capitaine de ville, et de Marie Lefèvre.

IX. — *Jean-Baptiste Coquebert*, écuyer, seigneur de Mutry, (1683-3 novembre 1738) épousa le 15 décembre 1710, Catherine-Françoise Lepoyvre, fille de Nicaise, vicomte de Villers aux-Nœuds, seigneur de Chamery, procureur du Roi en l'élection, et de Thérèse Baron, mariés le 30 août 1681.

Dont :

1° Gérard-Joseph, qui suit.

2° Jean-Baptiste-Joseph Coquebert de Taisy, écuyer, (24 août 1716-10 septembre 1757), conseiller à la cour des Monnaies à Paris, épousa Marie-Thérèse Favart de Richebourg, fille de Henry-Louis, conseiller du Roi, et d'Elisabeth Petit.

Dont :

A.) Claude-André-Jean-Baptiste, (15 janvier 1758-8 octobre 1815), lieutenant au régiment de Bresse, se distingua dans la guerre d'Amérique, particulièrement à Yorktown, émigra, fut major d'infanterie à l'armée des Princes ; blessé en 1796 à Oberkanlach, chevalier de Saint-Louis, collaborateur de Michaux dans la biographie universelle, savant bibliophile.

B.) Anne-Thérèse-Joséphine, femme de François Aubry d'Arancey, écuyer, seigneur de Chastillon, officier d'artillerie, décédée à Reims le 10 mars 1825, âgée de 69 ans.

C.) Elisabeth-Henriette, (9 oct. 1756-7 octobre 1841), mariée sur Saint-Hilaire le 11 janvier 1780, à Godefroy-Joseph, baron de Romance, seigneur d'Inaumont, Arnicourt et Séry, officier de dragons, fils de Philippe-François-Louis, et de Geneviève-Louise de Grandcourt.

3° Marie-Jeanne-Elisabeth, femme le 21 mars 1744, d'André Forzy, élu.

4° Elisabeth-Marie-Madeleine, née en 1720, mariée le 17 avril 1747, à Antoine Maillefer, fils d'Antoine, conseiller du Roi, président des trésoriers de France à Châlons, et de Marie-Anne de la Salle.

5° Marguerite-Catherine, mariée le 24 novembre 1750 à Henri Coquebert, écuyer, seigneur de la Fauconnerie, président des trésoriers de France, fils de Simon, et de Marguerite Coquebert.

X. — *Gérard-Joseph Coquebert de Mutry*, écuyer (24 août 1713-19 mars 1767) épousa le 24 décembre 1744 Anne-Thérèse Favart de Richebourg, belle-sœur de son frère.

Dont :

Henriette-Elisabeth, née en 1766, mariée sur St-Hilaire à Antoine-Jean-Baptiste-Félix Lespagnol de Rocquincourt, écuyer, conseiller du Roi, chevalier d'honneur ès sièges royaux de Reims, fils de Nicolas-Antoine, écuyer, seigneur de Court et Vilette, et de Madeleine Petit.

Nous croyons utile de donner le tableau généalogique d'une branche de la famille de la Salle peu connue, et qui se relie aux Coquebert, par de nombreuses alliances énoncées au cours de ce travail.

I. — *Jean-Marie de la Salle*, deuxième fils de Fran-
çois (1562-1624), et de Jeanne Lespagnol, épousa
Antoinette Coquebert, fille de Simon et de Marie
Branche.

Dont :

1º Simon, décédé à Versailles en 1684.

2º Jean, qui suit.

3º Louis, secrétaire du Roi, qui suivra.

4º Jacqueline, femme de Nicolas Coquebert de
Crouy.

5º Anne, femme de Gérard de Bignicourt de
Bussy, fils de Christophe, et d'Isabeau Coquebert.

II. — *Jean de la Salle*, épousa Nicole Marlot.
Dont :

1º Jean-Baptiste, époux d'Elisabeth de Proisy.

2º Nicolas, capitaine des arquebusiers, époux de
Jeanne Coquebert, fille de Jean, et de Barbe Amé.

3º Rose, femme de Charles Briçonnet, chevalier,
seigneur de Launay.

4º Suzanne, femme de François de Wallon, seigneur de Courcelles, capitaine aux grenadiers, à
qui le président André Coquebert de Belleaucourt
racheta partie de ce fief, venu à François du chef
de son aïeule Antoinette Coquebert.

5º Marie, religieuse à Saint-Etienne, décédée
en 1697.

II *bis*. — *Louis de la Salle*, secrétaire du Roi, lt
des habitants, épousa Marie Coquebert, fille de
Simon, et d'Isabeau Lespagnol.
Dont :

1º Simon de la Salle, conseiller du Roi, marié en

1688 à Paris à demoiselle Fournier, dont une fille, madame Noblet, dame de Romery.

2° Louise-Marie, femme 1° : d'Hermann Baudon de Neuville ; 2° de Nicolas Frizon de Blâmont, conseiller au parlement de Paris.

CHAPITRE VI

BRANCHE DE NEUVILLE

VII. — *Simon Coquebert,* seigneur de Bullin, fils de Pierre, et de Jeanne de la Salle, épousa Jeanne Amé.

Dont :

1° Pierre, prieur de Saint-Léger.

2° Pierre-Simon, seigneur d'Estrebarry et Doy, marié en 1696 à Henriette d'Artaize, dont un fils N.. .. Coquebert, seigneur de Bélamour.

3° Remiette, mariée à N... Cousin, conseiller, secrétaire du Roy, avocat du roi à Soissons.

4° Henry, seigneur de Neuville, qui suit.

5° Jean-Baptiste, capucin.

6° Joseph, juge-garde à la monnaie de Reims, marié à Anne Maugeot.

7° Claude, religieuse.

8° Anne, religieuse

9° Barbe, décédée en 1674.

VIII. — *Henry Coquebert,* sgr de Neuville, fut obligé de s'enfuir en Angleterre, à la suite d'un duel où il avait tué son adversaire.

Le 6 août 1696 il épousa en la paroisse Saint-James de Londres, Marie-Louise Pachquereau, alias Pasquereau.

Après de nombreuses démarches, il obtint l'autorisation de rentrer en France, sous la condition de rester en Bretagne.

Il mourut, ainsi que sa femme, en la paroisse de Sion (Comté Nantais).

Henry Coquebert de Neuville fut, à la suite de son duel, exclu de la succession de son père. L'acte d'exhérédation institua pour héritier principal Pierre Simon Coquebert, seigneur d'Estrebarry.

IX. — *Henry-Charles Coquebert*, sgr de Neuville, fils d'Henry, et de Marie Louise Pachquereau, né à Sion en 1703, épousa en 1734, à Nort, Marguerite Herbert, fille de Pierre, seigneur de la Bernardière et de Marguerite Bonnet ou Bouvet. Il mourut à Plénée en 1764 et sa femme à Nort en 1766.

Dont un fils qui suit.

X. — *Jean-Baptiste Coquebert*, sgr de Neuville, et de la Rabinière, né à Nort en 1736, épousa à Rennes, Julie-Marthe Moreau, fille de Jean-François, seigneur des Hayes, procureur au parlement de Bretagne, syndic de la ville de Rennes, et de Julie-Angélique de Bédée de la Bouétardaye, cette dernière tante de Châteaubriand et de ses frères et sœurs. Ceux-ci sont représentés aujourd'hui par les familles de la Tour du Pin-Verclause, de Durfort-Civrac de Lorge, de Carayon Latour, etc.

Jean-Baptiste Coquebert, mourut à Nort en 1800 et sa femme à Nantes en 1819.

Dont :

1° Jean-Baptiste Remy Joseph, qui suit.

2° Louis-Stanislas, qui suivra.

3° Louis-Benjamin, qui suivra.

4° Alexandre-Auguste, qui suivra

5° Annibal-René-Félix, qui suivra.

6° Annibal-Gédéon (1782-1820).

7° Théodore-Auguste (1786-1835).

8° Marie-Isidore, qui suivra.

9° et neuf autres fils morts en bas âge.

XI. — *Jean-Baptiste-Remy-Joseph Coquebert de Neuville*, né à Nort en 1767, payeur général à Nantes, épousa en 1793 à Lorient, Marie-Angélique Duquesnel.

Dont Wilfrid-Benjamin, et Napoléon Stanislas.

XII. — *Wilfrid-Benjamin Coquebert de Neuville*, né à Nantes en 1804, autorisé à reprendre le titre de vicomte de Berthenay, épousa Marie-Louise Le Grand de la Lirais, décédée en 1900.

Dont trois enfants.

XIII. — 1° *Wilfrid, vicomte de Berthenay*, trésorier payeur en Cochinchine, époux de Jeanne de Beaussire de Seyssel, décédé en 1899, laissant un fils, Jean, né en 1881.

2° Marthe, non mariée.

3° Marie-Louise, épouse de Sir J. Straker, gentilhomme irlandais.

XII. — *Napoléon-Stanislas Coquebert de Neuville*, né en 1803, payeur général du Cantal, épousa sa cousine, demoiselle Coquebert de Neuville.

Dont :

Lionel, époux de Claire de Pagèze de Lavernède.

Dont trois enfants :

1° Léonce, ingénieur du génie maritime, marié en 1903 à Yvonne de Lapierre de la Rouvière.
Dont :
Anne-Marie, née le 1er mars 1904.

2° Pierre, né en 1877, décédé en 1902 sous-lieutenant au 3e cuirassiers.

3° Yvonne.

Napoléon-Stanislas épousa en 2e noces demoiselle N..... et en eut un fils, René, mari de Léonie Tausserat.

XI. — *Louis-Stanislas Coquebert de Neuville*, né à Nort en 1772, épousa en 1799 Michelle-Marie Bridon-Gicquelière.
Dont :

1° Julie-Marie, épouse en 1835 de Charles Liénard.
Dont Karl, marié en Angleterre, et père de neuf enfants : Karl, Marie, Aubrey, Pierre, Lucie, Kerwinn, Gabrielle, N..., et N...

2° Stanislas, marié en 1837 à Eugénie de l'Epine.

XI. — *Louis-Benjamin Coquebert de Neuville*, négociant à Nantes, inventeur des assurances, épousa à St-Malo en 1824, Emilie Bossinot, fille de Louis, ancien officier de marine, et de Théodore Guillemant des Peschers.
Dont :

1° Henry-André-Benjamin, né en 1829, mari de Nelly Grimart. Dont Louis, en religion le R. P. Benoît, prémontré.

2° Charles-Benjamin, célibataire, fixé à Paris.

3° Jules-Benjamin, qui suit.

XII. — *Jules-Benjamin Coquebert de Neuville*, docteur en droit, ancien avocat à la cour de Paris, épousa le 19 avril 1869 Juliette Moreau.

Dont :

1° Roger, lieutenant au 10° d'artillerie, marié en 1902 à Jehanne de Lépinau. Dont : Roger (1904) et Nicole (1905).

2° Louise, née le 29 octobre 1873, mariée en 1900 à Saint-Fort Mortier, ingénieur décédé le 8 janvier 1902 à Hanoï. Dont Saint-Fort, né le 5 janvier 1902.

3° Hélène, mariée le 12 août 1901 à Alain-François Le Clerc de la Herverie.

Dont : Simone, née le 24 juin 1902, et Jean-Baptiste en 1904.

4° Marthe, mariée en 1904 au baron de Lépinau.

Dont : Pierre, né le 2 février 1906.

5° Jean.

XI. — *Alexandre-Auguste Coquebert de Neuville*, payeur de la marine à Lorient, major de la garde nationale, épousa à Lorient en 1815 Adèle-Catherine Le Lubois de Marsilly.

Dont :

1° Julie-Marie, mariée en 1837 à Augustin Pocquet de Livonnière, sans postérité.

2° Alexandre-Auguste, (1818-21).

XI. — *Annibal-René-Félix Coquebert de Neuville*, négociant à Nantes, épousa en 1813 Marie-Joséphine-Amaranthe...

Dont :

1° Marie-Antoinette, femme de M. Gerbier.

2° Armand-Benjamin, bâtonnier des avocats de

Nantes, marié à demoiselle Milrau. Dont : Félix, magistrat démissionnaire, avocat à Nantes, mari de Suzanne Bertrand.

XI. — *Marie-Isidore Coquebert de Neuville*, née à Nort en 1791, épousa en 1820 Jean-François Guillemant des Peschers.

Dont :

1° Auguste, né à Nantes le 6 août 1821.

2° Jules, ingénieur, directeur à Paris de la Société internationale des câbles sous-marins, né à Nantes en 1822.

3° Marie, née à Nantes en 1824, femme de M. Le Chauff de....

Sans postérité.

4° Henry.

Ici s'arrête l'ensemble des documents que nous avons pu réunir sur l'antique race des Coquebert. Le lecteur a constaté, que, magistrats, soldats, savants ou religiéux, ils ont tous servi la France et l'Eglise avec un zèle inlassable, et parfois même avec éclat.

Formée à ces exemples, leur postérité ne saura forligner.

TABLEAU INDIQUANT L'ORIGINE DES BRANCHES ET RAMEAUX

REGNAULT COQUEBERT = N....

SIMON 1 COQUEBERT = SABINE JABIN

THIERRY COQUEBERT = REMIETTE BACHELIER

Simon II Coquebert de Coulommes = Adrienne Noël				Jean Coquebert de Vaux et d'Adon = Simone Cauchon	

| Jean C. = Marguerite Béguin | | Thomas C. d'Agny = Jeanne Maillefer | Thierry C. de Touly = Remiette Godinot | Nicolas C. = Marie Hachette | Renaud C. = Pérette Bachelier |

| Simon III C. de la Fauconnerie = Jeanne Boulet | Pierre C. = Jeanne de la Salle | Simon C. = Marie Branche | Nicolas C. = Barbe Bachelier | Thierry C. = Nicole Mimin | Remy C. = Marie Colbert |

| Gérard C. de Mont-fort = Renée Coquebert | André C. de Mont-fort = Marie Arnoulet | André C. de Belleau-court = Agnès de Santeul | Simon C. de Neuville = Jeanne Amé. | Jean C. = Marie de la Salle. | Oudard C. = Guillemette Gilles. |

Nicolas C. = Jacque-line de la Salle.

Gérard C. de Mutry et Taisy = Barbe Roland.

Jean-Baptiste C. = Marie Roland.

Nicolas C. de Crouy et Romain = Anne de Bignicourt

www.ingramcontent.com/pod-product-compliance
Ingram Content Group UK Ltd.
Pitfield, Milton Keynes, MK11 3LW, UK
UKHW020029100726
13658UKWH00003B/1198